IMAGO.PRAXIS KUNSTUNTERRICHT PLANEN

Bettina Uhlig, Florentine Fortuna, Lisa Gonser,
Sarah Graham, Michael Leibbrand

Handout zur Planung von Kunstunterricht

Planen mit dem „Hildesheimer Modell“

kopaed

IMAGO.Praxis
Band 1

Die Schriftenreihe IMAGO.Praxis ist das dritte Element der IMAGO-Publikationsreihe. Sie ergänzt die beiden anderen Formate: Die IMAGO-Buchreihe, in der Grundlagentexte und Forschungsarbeiten der wissenschaftlichen Kunstpädagogik und -didaktik veröffentlicht werden sowie die IMAGO-Zeitschrift, die thematische Schwerpunkte setzt (Lernen, Malen, Mimesis u.a.) und im Sinne einer Praxisforschung themenfokussierte fachdidaktische Überlegungen mit theoretischen Bezugstexten und unterrichtspraktischen Reflexionen verknüpft.
IMAGO.Praxis schließt die Lücke zur Unterrichtspraxis und versteht sich als anwendungsbezogenes, unterrichtspraktisches Arbeitsmaterial auf dem Fundament einer relationalen, anthropologisch orientierten Kunstpädagogik. Die Reihe folgt der Idee, Kunstunterricht als dialogisches Bildungsgeschehen unterrichtspraktisch auszuleuchten und vor dem Hintergrund einer zeitgemäßen Auseinandersetzung mit Kunst und Kultur zu reflektieren. Die Reihe stellt konkrete, handlungsorientierte Handreichungen und Materialien vor, die den Kunstunterricht in seiner Fachspezifik betonen und ihn als lern- und verständnisintensiven Unterricht auffassen. Die Reihe beginnt konsequenterweise mit einem Modell zur Konzipierung und Planung von Kunstunterricht.
Adressiert sind Berufsanfänger_innen, Lehramtsanwärter_innen und Studierende ebenso wie erfahrene Kunstlehrende, die Impulse, Begründungszusammenhänge und neue Perspektiven für die eigene Unterrichtspraxis suchen.

Autor_innen Bettina Uhlig, Florentine Fortuna, Lisa Gonser, Sarah Graham, Michael Leibbrand

Redaktion und visuelle Konzeption Bettina Uhlig, Florentine Fortuna, Lisa Gonser, Sarah Graham, Michael Leibbrand
Gestaltung und Satz Carolin Funke, Swantje Saß
Covergestaltung Momo Trommer

ISBN 978-3-96848-033-6
eISBN 978-3-96848-633-8

Druck: Memminger MedienCentrum, Memmingen

Arnulfstr. 205, 80634 München
Fon: 089. 688 900 98 Fax: 089. 689 19 12
E-Mail: info@kopaed.de Internet: www.kopaed.de

Inhaltsverzeichnis

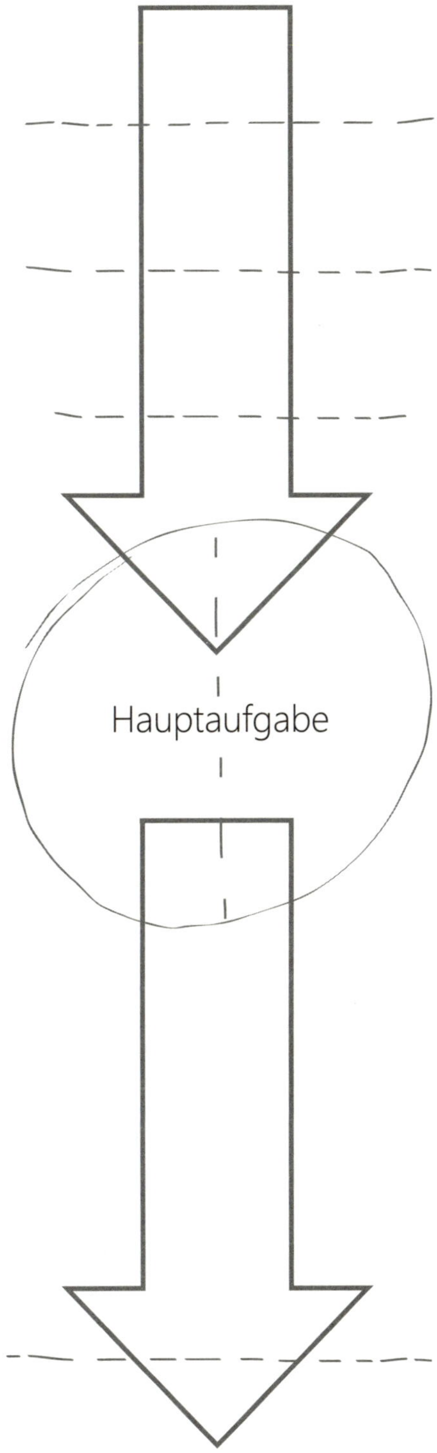

Grundlagen

Planungstools

Analysen

VORWORT

Die vorliegende Handreichung entstand in einem intensiven gemeinsamen Arbeitsprozess zwischen 2014 und 2017. Sie ist durch den Umstand veranlasst, dass eine anspruchsvolle und tragfähige „Übersetzung" fachdidaktischer Forschung und Lehre sowie aktueller bildungstheoretischer Diskussionen in konkrete Unterrichtsplanungen in unserem Fach kaum stattfindet. Es fehlt deshalb an innovativen, zeitgemäßen und ehrlichen Konzepten und Modellen zur didaktischen Strukturierung und methodischen Planung von Kunstunterricht. Das ist sicher ein Hauptgrund dafür, dass an vielen Studienseminaren und Hochschulen letztlich altbekannte und tradierte Modelle von Unterrichtsplanung (vor allem aus der Ära von Gunter Otto) reproduziert werden. Diese Situation ist nicht nur für uns als Fachdidaktiker_innen äußerst unbefriedigend, sondern ebenso für Studierende und Lehramtsanwärter_innen, die im Rahmen von Praktika und Vorbereitungsdienst Kunstunterricht konzipieren, durchführen und reflektieren müssen. Dies veranlasste uns, die Planung von Kunstunterricht explizit zum Thema zu machen und eine Handreichung zu entwickeln. Gerade die individuell sehr unterschiedlichen Erfahrungen und Praktiken (Primarstufe, Sekundarstufe, Sonderpädagogik, Frühkindliche Bildung u. a.), die wir in die Diskussion einbrachten, ermöglichten uns eine vielschichtige Auseinandersetzung. Wir haben letztlich die Unterrichtsplanung nicht neu erfunden, vielmehr finden sich viele Essentials (Unterrichtsphasen, Sozialformen, Sachanalyse u.a.) selbstverständlich darin wieder. Neu ist die „Didaktische Figur" als komplexes Denk- und Entwurfsmodell, dem alle Planungstools zugeordnet werden, sowie die Verknüpfung mit aktuellen bildungstheoretischen und -politischen Dimensionen (z. B. Kompetenzen, Inklusion).

Die Handreichung gliedert sich in drei Teile: Teil 1 erörtert den fachtheoretischen Begründungsrahmen, der dem Planungskonzept zugrunde liegt. Teil 2 entwickelt schrittweise die Elemente der Planung. Teil 3 widmet sich den zur Planung gehörigen Analysen (Sachanalyse, Didaktische Analyse, Methodische Analyse). Die Handreichung ist in Doppelseiten angelegt. Jede Doppelseite erarbeitet einen bestimmten Aspekt, der jeweils als Grafik (links) und Text (rechts) dargestellt wird.

Das ‚Herzstück' ist die Planungsfigur, die eine Hauptaufgabe (als Lernherausforderung) in das Zentrum des Unterrichts stellt. Damit verknüpfen sich die programmatischen Forderungen, dass Kunstunterricht problemorientiert konzipiert sein und dass es in jeder Kunststunde etwas zu lernen geben soll. In der Hauptaufgabe verschränken sich stets formal-gestalterische und inhaltliche Aspekte, die curricular verankert sind und differenzierte Lernchancen eröffnen. Alle Planungsaspekte beziehen sich auf die Hauptaufgabe und lassen sich in Bezug auf diese begründen. Von der Hauptaufgabe ausgehend erfolgt die Planung in zwei Richtungen: Einerseits wird mit Blick auf den Stundenanfang gefragt, was und wie eingeführt, erprobt, erarbeitet werden muss, um die Inhalte und Handlungsbereiche so vorzubereiten, dass sie für die Lernenden verständlich und zu bewältigen sind. Andererseits wird mit Blick auf das Stundenende gefragt, wie die Lernenden die Hauptaufgabe realisieren sowie Lernprozesse und Lernzuwachs reflektieren können. Daraus ergeben sich die jeweiligen Phasen des Unterrichts. Durch die Hinzunahme weiterer Planungstools (Sozialformen, Lehr-/Lernformen u. a.) verdichtet und konkretisiert sich die Planung. Es könnte der Eindruck entstehen, dass es sich um einen streng durchdeklinierten Unterricht handelt – dem ist nicht so. Vielmehr soll die Planung insbesondere Berufsanfänger_innen eine sichere Orientierung in einem gut durchdachten Rahmen von Unterricht geben, der gerade deshalb offen für situatives und flexibles Lehrer_innen-Handeln bleibt. Entwurf und Visualisierung der Unterrichtsplanung erfolgt nicht mehr tabellarisch – davon haben wir uns konsequent verabschiedet.

Die Planung ist eher als planimetrisch oder kartografisch zu beschreiben; Lehrende entwickeln ausgehend von der „Didaktischen Figur" individuelle Darstellungsformen und Formate, die ihnen eine gute Übersicht, Orientierung sowie Flexibilität und Handhabbarkeit ermöglichen (handschriftlich, mit grafischen und farbigen Elementen etc.).
Die „Didaktische Figur" als Planungsmodell basiert auf der pädagogischen Intention, das Lernen von Kindern und Jugendlichen in das Zentrum von Kunstunterricht zu stellen. Wir vertreten ein anthropologisches Lernverständnis, das Lernen nicht als selbstbezüglichen, isolierten Prozess der Selbstverwirklichung, sondern als relationales und kooperatives Geschehen im Wechselbezug von Selbst, Anderen und Sache versteht. Dazu gehört der inhaltsstarke Dialog über die Geschichte und Gegenwart von Kunst und Kultur ebenso wie das Erlernen und Anwenden künstlerischer Gestaltungspraktiken. Durch eine gezielte und reflektierte Planung werden die Lernprozesse von Heranwachsenden herausgefordert, begleitet, unterstützt, reflektiert und in ihrer bildungsstiftenden Qualität bestärkt. Das hier entfaltete Planungskonzept korrespondiert mit den Zielen und Vorhaben des Forschungsnetzwerkes IMAGO und versteht sich auch als ein Beitrag zur systematischen Refundierung unseres Fachverständnisses.

Hildesheim im Mai 2021
Bettina Uhlig, Florentine Fortuna, Lisa Gonser, Sarah Graham, Michael Leibbrand

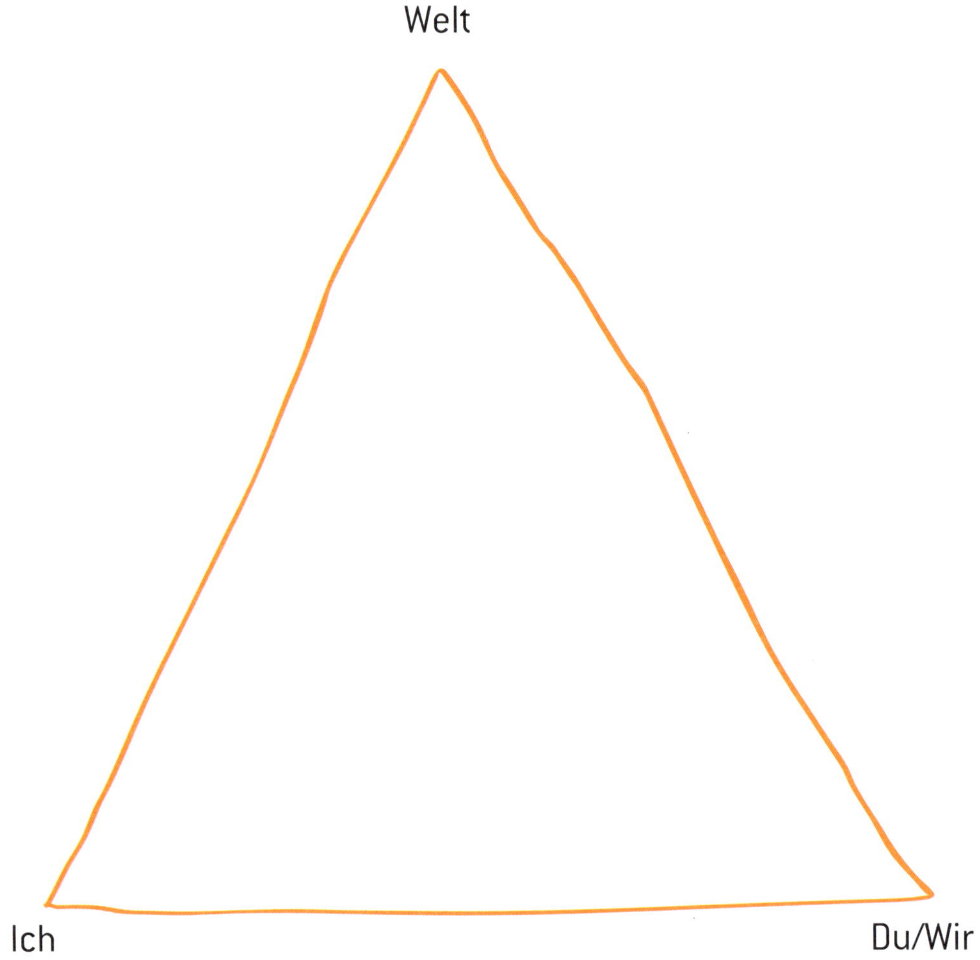
Welt
Ich
Du/Wir

1.1 Anthropologische Orientierung der Kunstpädagogik

Die kunstpädagogische Theoriebildung und die daraus resultierenden didaktischen und methodischen Bezüge drehen sich vor allem um die Frage: Was ist der Mensch? Die Frage nach der Kunst (Was ist die Kunst?) kann immer nur in Bezug auf den Menschen gestellt werden: Was ist die Kunst für den Menschen?

Die relationale Anthropologie, die sowohl der kunstpädagogischen Theoriebildung als auch der direkten Planung von Unterricht zugrunde gelegt werden kann, versteht den Menschen als relational: Der Mensch steht in Relation zu sich selbst, zu anderen Menschen und zur Welt. Dies begründet das dialogische Weltverhältnis, das den Menschen auszeichnet. Er antwortet und verantwortet sich gegenüber Mitmenschen und der Welt. Das heißt, dass der Mensch kein in seiner Subjektivität isoliertes Wesen ist, wie dies in der subjektivistischen und konstruktivistischen Didaktik angenommen wird, sondern sich permanent im Verhältnis zu sich selbst, zu anderen Menschen sowie zur Welt auslegen und verfassen muss. Damit einher geht das ausgeprägte kooperative Verhalten, das den Menschen auszeichnet. Die Fähigkeit des Menschen, sich in andere hineinzuversetzen, die Aufmerksamkeit gemeinsam auf etwas zu richten und kooperative Vorhaben zu realisieren, ist auch die Grundbedingung für die Herausbildung von Kultur.

Der Kunstpädagogik – als einer speziellen Pädagogik – kommt die Aufgabe zu, die anthropologischen Dimensionen der menschlichen Entwicklung und Bildung zu erforschen und zu fragen, inwiefern der Fachgegenstand – die Kunst (als kulturelle Praxis) – einen Beitrag zur Individuation und Enkulturation leisten kann. Eine so verstandene Kunstpädagogik betont die Entfaltung des ganzen Menschen im Sinne der eigenen Innerlichkeit (Ich), der Sozialität (Du, Wir) und der nachdenklichen Betrachtung, Erfassung und Gestaltung der Welt (Weltoffenheit).

Für die Konzipierung und Planung von Unterricht hat das Rekurrieren auf eine anthropologisch fundierte Kunstpädagogik zur Konsequenz, dass Lehr- und Lernprozesse von Heranwachsenden stets in einem Ich-Wir-Welt-Verhältnis zu konzipieren, zu begleiten und zu reflektieren sind. Das bedeutet konkret, Lernarrangements so zu entwickeln, dass sie alle drei Dimensionen berücksichtigen; Unterrichtsgespräche so zu führen, dass Perspektivenübernahme, wechselseitige Bezüge und mehrperspektivische Sichtweisen angeregt werden; rezeptive und produktive Prozesse so anzuleiten und zu begleiten, dass sie zu intensiven, fragenden und sinnstiftenden Auseinandersetzungen führen, die über den subjektiven Horizont hinausreichen.

Literatur

Krautz, Jochen (2010): Verantwortungshorizonte der Kunstpädagogik. Zur Einführung. In: Krautz, Jochen (Hg.): Kunst, Pädagogik, Verantwortung. Zu den Grundfragen der Kunstpädagogik. Oberhausen, S. 9–37.

Krautz, Jochen (2013). Ich, Wir, Welt: Zur Systematik und Didaktik einer personalen Kunstpädagogik. In: Schriftenreihe Fachdidaktische Forschung, Nr. 8, April 2013. Online verfügbar: http://www.uni-hildesheim.de/media/forschung/fff/Schriftenreihe/KRAUTZ_Schriftenreihe_01.pdf (letzter Zugriff: 14.06.2021).

Krautz, Jochen (2020): Ich, Wir, Welt: Menschenbild und Bildungsverständnis der Kunstpädagogik. In: Krautz, Jochen: Kunstpädagogik. Eine systematische Einführung. Paderborn, S. 43-60.

Rekus, Jürgen (2019): Didaktik als Problem und Aufgabe. In: IMAGO. Zeitschrift für Kunstpädagogik. Heft 8/2019, S. 26-36.

Tomasello, Michael (2010): Warum wir kooperieren. Berlin.

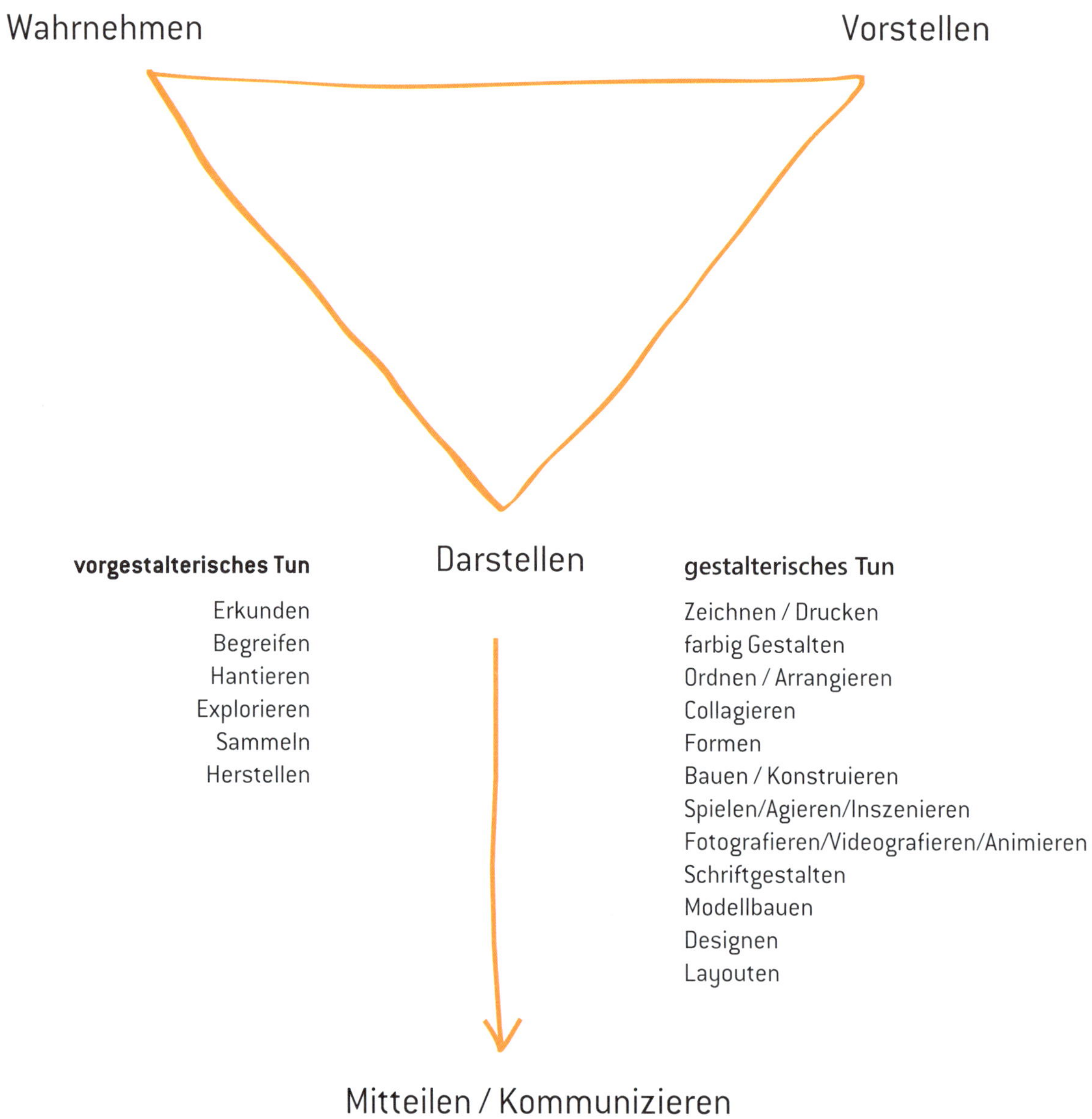
Wahrnehmen
Vorstellen
Darstellen
vorgestalterisches Tun
Erkunden
Begreifen
Hantieren
Explorieren
Sammeln
Herstellen
gestalterisches Tun
Zeichnen / Drucken
farbig Gestalten
Ordnen / Arrangieren
Collagieren
Formen
Bauen / Konstruieren
Spielen/Agieren/Inszenieren
Fotografieren/Videografieren/Animieren
Schriftgestalten
Modellbauen
Designen
Layouten
Mitteilen / Kommunizieren

1.2 Bildpraxis als Handlungsform

Es gehört zur Grundstruktur des Menschen, sich praktisch handelnd mit seiner Welt auseinanderzusetzen. Dies auf bildnerische Weise zu tun, ist eine spezifische und besondere Form, der Welt zu begegnen und sich mit ihr zu beschäftigen. Ein Bild intensiv zu betrachten, sich etwas bildhaft vorzustellen, etwas zeichnend zu entwerfen, malerisch oder plastisch zu gestalten, fotografisch oder filmisch zu dokumentieren sind beispielhafte Aspekte des komplexen Zusammenspiels von Wahrnehmung, Vorstellung und Darstellung.

Das **Wahrnehmen** bezieht sich nicht ausschließlich auf die visuelle Wahrnehmung, wenngleich diese eine besonders wichtige Rolle spielt. Auch taktile, olfaktorische und akustische Wahrnehmungsimpulse sind bedeutsam für die bildnerische Praxis. Eine wahrnehmungsintensive Praxis sensibilisiert die Wahrnehmung und regt Kinder dazu an, ihrer Welt aufmerksam und achtsam zu begegnen. Entscheidend ist, dass Wahrnehmungsprozesse nicht um ihrer selbst willen durchgeführt werden und in „Wohlfühl-Sinnes-Erleben" aufgehen, sondern stets einen reflektierten und konkreten Anwendungsbezug implizieren.

In der **Vorstellung** oder Imagination wird das Wahrgenommene intern repräsentiert. Es entsteht ein „inneres Bild", das nicht identisch mit dem Wahrgenommenen ist. Vielmehr werden die Wahrnehmungsimpulse mental umstrukturiert und unmittelbar mit Emotionen und Gedächtnisinhalten verknüpft. Insofern ist das innere Bild eine Interpretation des Wahrgenommenen. Die Imaginationsfähigkeit vermag es auch, Gedächtnisinhalte gedanklich zu variieren, zu verändern, neu zusammenzufügen (Phantasie). Ein flexibles Imaginationsvermögen ist die Voraussetzung für eine differenzierte Darstellung, denn die Darstellung greift auf die inneren Bilder zurück und versucht, diese in eine äußere Form zu bringen.

Darstellung heißt, dass etwas externalisiert, äußerlich sichtbar gemacht wird. Es kann zwischen zwei Arten der Darstellung unterschieden werden: der vorgestalterischen Praxis und der bildnerischen Gestaltungspraxis. Die vorgestalterische Praxis folgt einer neugierigen Hinwendung zu den Dingen, Materialien, Phänomenen und ihrer möglichen Verwendung, ihrem Gebrauch. Kinder erkunden ihre Welt zunächst ohne eine Gestaltungsintention – und doch ist dies bereits eine Form bildnerischer Praxis. Sie hantieren mit einem Kuscheltier, befühlen und ertasten eine Mandarine, sammeln Steine, schütten Wasser in eine Schüssel usw. Diese Handlungen sind die Voraussetzung dafür, ein Verständnis von Gestaltung zu entwickeln. Selbst dann, wenn Kinder längst malen, zeichnen oder fotografieren, hilft ihnen das vorgestalterische Tun, immer wieder neue Zugänge zur Welt zu erproben. Die bildnerische Gestaltungspraxis ist eine regelgeleitete bildnerische Praxis. Kinder lernen im Kunstunterricht, wie man malt, zeichnet, plastiziert usw.

Es ist das Ziel des Kunstunterrichts – vom ersten Schultag an –, das Wahrnehmen, Vorstellen und Darstellen gezielt zu fördern. Dabei gilt es, die Interessen und Bedürfnisse von Kindern und Jugendlichen ernst zu nehmen und aufzugreifen, sie in allen Fassetten der bildnerischen Praxis angemessen und sachkompetent zu begleiten.

Literatur

BDK e. V./Arbeitsgruppe Grundschule: Frühkindliche ästhetische Bildung. Ein Diskussionsbeitrag. Hannover o. J.

BDK e. V./Arbeitsgruppe: Positionen zum Kunstunterricht in der Grundschule. Hannover o. J.

Böhme, Gernot (2001): Aisthetik. Vorlesungen über Ästhetik als allgemeine Wahrnehmungslehre. München.

Krautz, Jochen (2020): Wahrnehmen, Vorstellen, Darstellen: Die bildsamen und in der Kunstpädagogik zu bildenden Fähigkeiten. In: Krautz, Jochen: Kunstpädagogik. Eine systematische Einführung. Paderborn, S. 77-92.

Sowa, Hubert (2012) (Hg.): Bildung der Imagination. Band 1: Kunstpädagogische Theorie, Praxis und Forschung im Bereich einbildender Wahrnehmung und Darstellung. Oberhausen.

Sowa, Hubert/Glas, Alexander/Miller, Monika (2014) (Hg.): Bildung der Imagination. Band 2: Bildlichkeit und Vorstellungsbildung in Lernprozessen. Oberhausen.

Waldenfels, Bernhard (2004): Phänomenologie der Aufmerksamkeit. Frankfurt a. M.

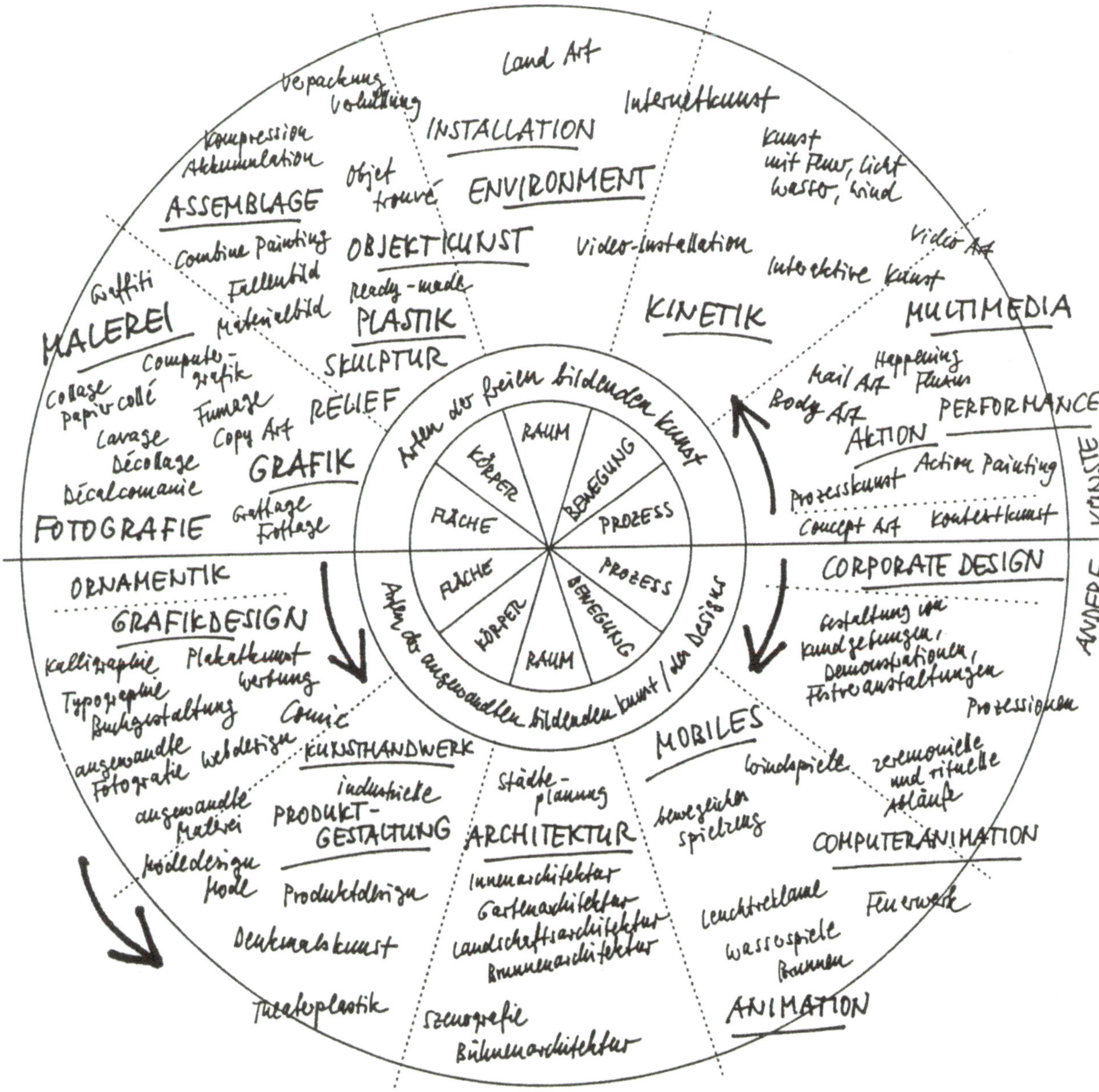

Abb.: Regel/Schulz/Kirschenmann/Kunde (1994): Moderne Kunst. Zugänge zu ihrem Verständnis, S. 46.

1.3 Bildnerische Gestaltungspraxis

Die Systematik der bildnerischen Gestaltungspraxis greift auf das System der bildenden Kunst zurück, das eine jahrhundertealte Tradition hat. Es wird zwischen freier Kunst und angewandter Kunst unterschieden. Während die freie Kunst eine ideelle Zweckbestimmung hat, folgt die angewandte Kunst immer einem funktionalen Zweck. So sollte beispielsweise das Design eines Stuhls so entwickelt werden, dass man auf ihm sitzen kann (funktionale Zweckbestimmung). Wenn ein Objekt nicht zur Benutzung vorgesehen ist, sondern vielmehr als Anregung für das Nachdenken und Einfühlen in einen Sachverhalt dienen soll (ideelle Zweckbestimmung), dann ist es ein Objekt der freien Kunst.

Bezogen auf den Kunstunterricht lassen sich u. a. folgende Gattungen bzw. Gestaltungspraktiken unterscheiden:

Gestaltungspraxis (freie Kunst)

Zeichnen/Drucken (Grafik)
Farbiges Gestalten
Sammeln/Ordnen/Arrangieren
Collagieren
Formen (Plastik, Skulptur)
Bauen/Konstruieren (Objekt)
Spielen/Agieren/Inszenieren (Performance)
Fotografieren/Videografieren/Animieren
Mit technischen Medien gestalten
u. a.

Gestaltungspraxis (angewandte Kunst)

Schrift gestalten (Typografie)
Modellbauen (Architektur)
Designen (Produktgestaltung)
Layouten (Grafikdesign)
u. a.

Alle Gestaltungspraktiken der Kunst können und sollen von der ersten Klasse an Gegenstand des Kunstunterrichtes sein und konsequent im Curriculum verankert werden! Nur wenn Kinder frühzeitig an die Vielfalt der bildnerischen Gestaltungspraxis herangeführt werden, können sie eine fassettenreiche und differenzierte eigene Bildsprache entwickeln. Es geht nicht darum, dass Kinder und Jugendliche bestimmte „Techniken" oder „künstlerische Strategien" kennenlernen. Vielmehr sollen sie in die Vielfalt der künstlerischen Darstellungsmöglichkeiten eingeführt werden, damit sie diese zunehmend selbstständiger für die Bearbeitung bildnerischer Probleme nutzen können.

Für die Planung von Kunstunterricht gilt es zu beachten, dass jede bildnerische Gestaltungspraxis problemorientiert sein soll. Das heißt, dass sich mit jeder gestalterischen Aufgabe für die Schüler_innen ein bildnerisches Problem stellen sollte, mit dessen Lösung ein Lernzuwachs verbunden ist. Jede Gestaltungsaufgabe ist zudem inhaltsbezogen (vgl. 1.5) – so verknüpfen sich in jeder Aufgabe Inhalt und Form.

Literatur

Amado, Tanja (2019): Unterrichtsbezogene Vorstellungsbildung – Kunstunterricht planen als kreativer Prozess. In: IMAGO. Zeitschrift für Kunstpädagogik. Heft 8/2019, S. 77-94.

BDK e. V./Arbeitsgruppe: Positionen zum Kunstunterricht in der Grundschule. Hannover o. J.

Entwicklung eines eigenen künstlerischen Gestaltungsvorhabens. In: KUNST Arbeitsbuch 3 (2009) (hg. von Hubert Sowa, Alexander Glas und Fritz Seydel). Stuttgart, S. 184–193.

Krautz, Jochen (2020): Inhalt, Gestaltung, Handwerk: Die Elemente visueller Darstellung und kunstpädagogischer Aufgabenstellung. In: Krautz, Jochen: Kunstpädagogik. Eine systematische Einführung. Paderborn, S. 93-110.

Orientierungswissen Form und Gestalt. In: KUNST Arbeitsbuch 3 (2009) (hg. von Hubert Sowa, Alexander Glas und Fritz Seydel). Stuttgart, S. 82–105.

Orientierungswissen künstlerische Verfahren. In: KUNST Arbeitsbuch 3 (2009) (hg. von Hubert Sowa, Alexander Glas und Fritz Seydel). Stuttgart, S. 58–81.

Regel, Günther (1986): Phasen und Komponenten des einheitlichen bildnerischen Schaffensprozesses. In: Regel, Günther: Medium bildende Kunst. Bildnerischer Prozess und Sprache der Formen und Farben. Berlin, S. 172–221.

Regel, Günther/Schulz, Frank/Kirschenmann, Johannes/Kunde, Harald (1994): Moderne Kunst. Zugänge zu ihrem Verständnis. Stuttgart, S. 42–46 (sowie Lehrerband, S. 54–56).

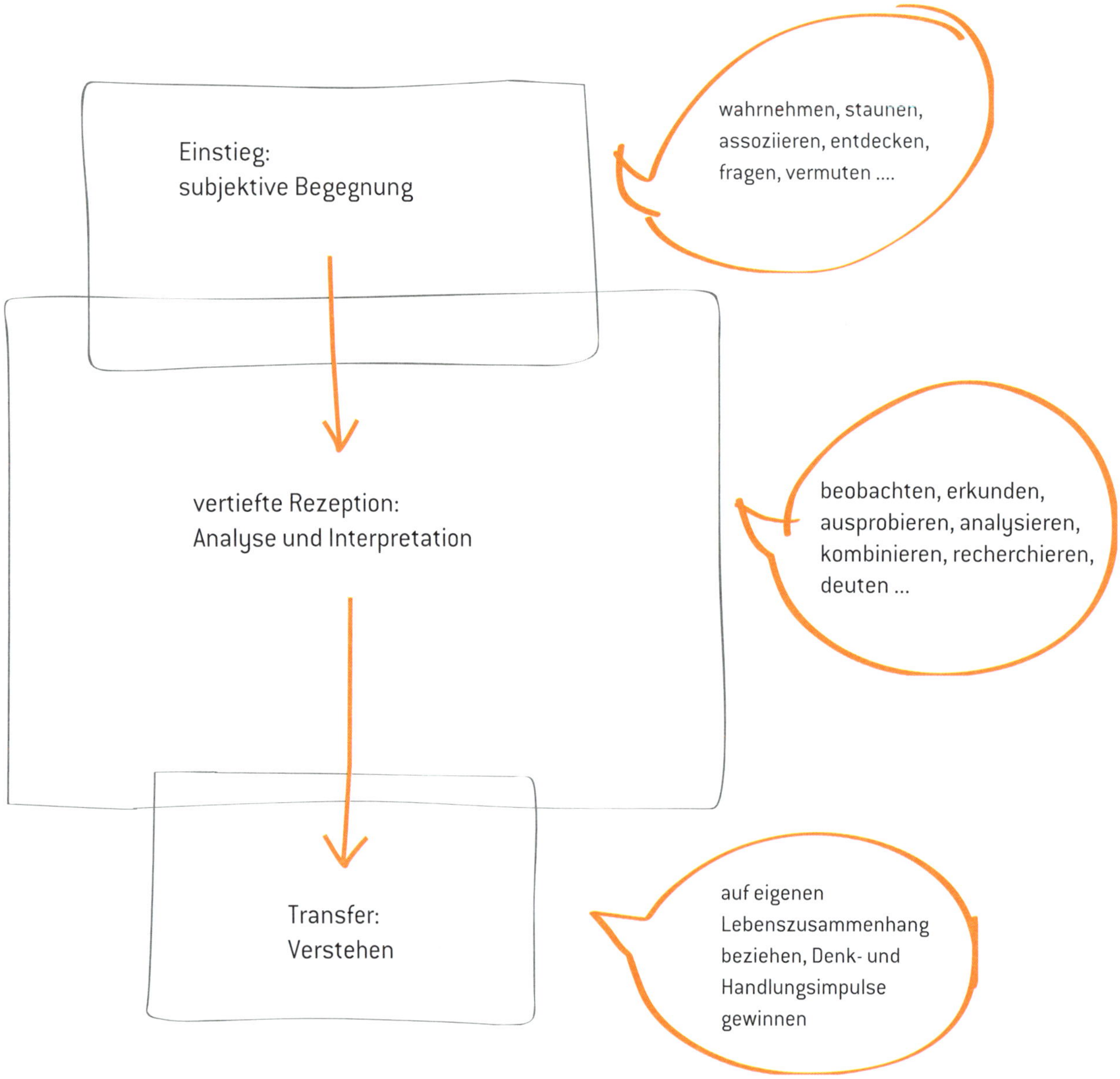
Einstieg:
subjektive Begegnung
wahrnehmen, staunen,
assoziieren, entdecken,
fragen, vermuten ....
vertiefte Rezeption:
Analyse und Interpretation
beobachten, erkunden,
ausprobieren, analysieren,
kombinieren, recherchieren,
deuten ...
Transfer:
Verstehen
auf eigenen
Lebenszusammenhang
beziehen, Denk- und
Handlungsimpulse
gewinnen

1.4 Kunst- und Bildrezeption

Es ist die Aufgabe des Kunstunterrichts, Kinder und Jugendliche an Kunstwerke und Bilder heranzuführen, sie dafür zu begeistern und zur Auseinandersetzung anzuregen. Die Forschungen zu Bildpräferenzen zeigen, dass Kinder und Jugendliche ein sehr vielfältiges Interesse an Kunstwerken und Bildern haben, welches sich auf das ganze Spektrum der Kunst- und Bildwelt bezieht. Die Forschungen zeigen auch, dass Kinder in ihrem Rezeptionsvermögen oft unterschätzt werden. Kunstpädagogische Vermittlungsarbeit schlägt eine Brücke zwischen den lebensweltlichen Bezügen von Heranwachsenden und den inhaltlichen und bildsprachlichen Potenzialen, die Kunstwerke und Bilder eröffnen. Die Beschäftigung mit Kunstwerken und Bildern kann Heranwachsende dabei unterstützen, sich in ihrer Welt zu orientieren, Differenzen zu erfahren, Sinn zu stiften und dem eigenen Handeln zugrunde zu legen.

Für die Planung einer Kunst- und Bildrezeption, die an jeder Stelle im Unterrichtsverlauf platziert sein kann, hat sich ein Vorgehen in drei Phasen bewährt:

Einstiegsphase: Subjektive Begegnung

In der Einstiegsphase entsteht ein vorläufiger Gesamteindruck. Es geht um eine erste (subjektive) Begegnung, die Raum für das Staunen, Assoziieren und Fragen schafft. Wenn Kinder und ebenso Jugendliche die Gelegenheit bekommen, in dieser ersten Phase „Ankerpunkte" für ihre Wahrnehmung zu finden, kann das Interesse für ein Bild geweckt werden und einen vertieften Rezeptionsprozess anregen. Diese „Ankerpunkte" finden sich sowohl in Bekanntem, das wiederentdeckt wird und anschlussfähig an das Vorwissen ist, als auch in Neuem, Fremdem, Unbekanntem, das neugierig macht und zur genaueren Betrachtung herausfordert.

Vertiefte Rezeption: Analyse und Interpretation

In der Phase der vertieften Rezeption werden Zusammenhänge zwischen Inhalt und Form fokussiert. Dabei können sowohl gedankliche als auch bildnerisch-praktische Weisen der Auseinandersetzung zum Tragen kommen. Es geht nun darum, den ersten Eindruck zu vertiefen, die entstandenen Fragen und Unklarheiten aufzugreifen und zu untersuchen. Es wird beobachtet, erkundet, analysiert, ausprobiert, nachvollzogen, einzelne Teile werden zu Form- und Sinneinheiten zusammengefügt, die dann in eine Interpretation münden. Dabei gilt: Ein Bild ist mehr als die Summe seiner Teile, es muss deshalb als Ganzes begreifbar werden. Jedes Bild ist zudem in Kontexte eingebunden, die es mittelbar oder unmittelbar beeinflussen (Zeitgeschichte, Biografie des Künstlers, Entstehung und Verwendung u. a.).

Transfer: Verstehen

Der Transfer zielt auf eine möglichst unmittelbare und nachhaltige Übertragung der Erlebens- und Erkenntniselemente des Rezeptionsprozesses in die Lebenswelt des Kindes oder Jugendlichen. Dahinter steht die Hoffnung, dass ein Kunstwerk nicht um seiner selbst willen rezipiert wird, sondern ein „Echo" im Individuum findet und Denk- und Handlungsimpulse setzt.

Literatur

KUNST+UNTERRICHT Themenheft „Kunstrezeption mit Kindern", Heft 288/2004.

Schneider, Alexander (2017): Verschränkte Deixis. Interaktionsebenen und -phasen im Bildvermittlungsprozess. In: Krautz, Jochen: (Hg.): Beziehungsweisen und Bezogenheiten. Relationalität in Pädagogik, Kunst und Kunstpädagogik. München , S. 479-497.

Uhlig, Bettina (2005): Kunstrezeption in der Grundschule. Zu einer grundschulspezifischen Rezeptionsmethodik. München.

Uhlig, Bettina/Wahner, Stephan (2009): Orientierung: Kunstvermittlung. In: KUNST+UNTERRICHT Themenheft: „Orientierung im kunstpädagogischen Handeln", Heft 334/335/2009, S. 22–29.

Werkanalyse: Geschichtlicher Abstand und Annäherung. In: KUNST Arbeitsbuch 3 (2009) (hg. von Hubert Sowa, Alexander Glas und Fritz Seydel). Stuttgart, S. 108–129.

Inhaltliche Dimensionen

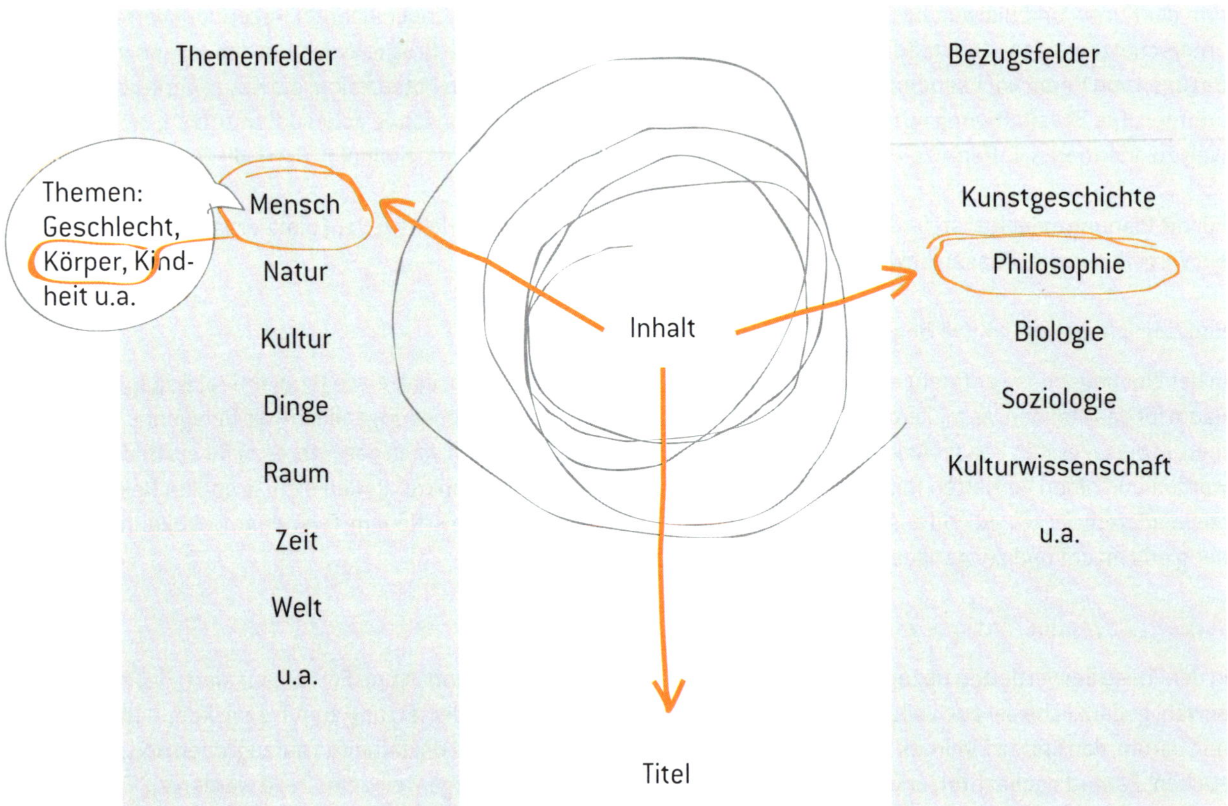

Zum Beispiel

Titel:	„kleinkariert und zugeknöpft"
Inhalt:	Kleidung als Statement
Themenfeld:	Kultur
Themen:	Mode und Stile, textiles Material, Kleidung als Zeichen sozialer und kultureller Zugehörigkeit, Schmuck und Accessoires, Entwurf und Fertigung von Kleidungsstücken u.a.
Bezugsfeld:	Kulturgeschichte, Materialkunde und Werkstofftechnik

1.5 Inhalt - Themen - Bezugsfelder

Inhalt

Inhalt und Form sind in jeder Gestaltung aufeinander bezogen und miteinander verbunden. Die Form, das heißt alle bildsprachlichen und gestalterischen Elemente, sind „Träger“ des Inhalts. Deshalb gibt es weder eine Form ohne Inhalt noch einen Inhalt ohne Form. Im Inhalt zeigen sich das Erleben, die Gedanken, die Fragen, die Werte und Haltungen in Bezug auf sich selbst, andere Menschen oder die Welt (Ich – Wir – Welt). Der Inhalt kann sehr persönlich sein (z. B. der Verlust eines geliebten Menschen), sich auf die Beziehung zwischen Menschen beziehen (z. B. Neid) oder allgemeine, zeitgeistige Fragen aufgreifen (z. B. Krieg im Nahen Osten).

Themenfelder und Themen

Jeder Inhalt lässt sich auf ein Themenfeld beziehen. Themenfelder umfassen allgemeine Themenkomplexe, die universell sind und die Menschen zu allen Zeiten beschäftigt haben (z. B. Mensch, Kultur, Natur, Dinge, Raum, Zeit). Themenfelder bieten den Rahmen für einen gemeinsamen Blick auf die Welt. Aus jedem Themenfeld lassen sich zahlreiche Themen ableiten. Dafür wird das Themenfeld netzartig aufgeschlüsselt.

Bezugsfelder

Neben der Einbettung eines Inhaltes in ein Themenfeld gilt es, eine bestimmte Perspektive auf ein Thema bzw. einen Inhalt einzunehmen. Ein Inhalt kann u. a. politisch, biologisch oder philosophisch betrachtet werden. Die Bezugsfelder bieten eine bestimmte „Lesart“ an. Insbesondere in der Gegenwartskunst spielen Bezugsfelder eine wichtige Rolle, weil sie die inhaltlichen Dimensionen differenzieren und gleichzeitig konkretisieren können und damit ein großes Spektrum an Sichtweisen eröffnen.

Der **Titel** einer Unterrichtsstunde oder -einheit steht am Ende der inhaltlichen Planungsarbeit. Das Nachdenken über einen geeigneten Titel ist vergleichbar mit der Suche nach einem Titel für ein Buch oder für einen Film. Er soll neugierig machen, einprägsam und charakteristisch sein. Der Titel muss sich auf den Inhalt beziehen. Er kann beispielsweise aus einem Wort bestehen, Ober- und Untertitel haben, eine Metapher, ein Zitat oder ein Wortspiel sein.

Der Inhalt einer Kunststunde oder -einheit spielt in der Planung eine zentrale und unverzichtbare Rolle, weil er auf die Dimension der gedanklich-geistigen Auseinandersetzung (Nachdenken, Einfühlen, Reflektieren) zielt. Bei der Planung ist zu beachten, dass der Inhalt – ebenso Themenfeld/Themen und Bezugsfeld/er – konkret ausgewiesen werden. Im Verlauf des Unterrichts wird der Inhalt erarbeitet und entfaltet – mit dem Ziel, ihn für die Schüler_innen „greifbar“ zu machen und ihn somit zum Gegenstand ihrer eigenen Auseinandersetzung werden zu lassen. Jede Hauptaufgabe soll so konzipiert sein, dass sie für die Schüler_innen sowohl eine formal-gestalterische als auch eine inhaltliche Herausforderung darstellt.

Literatur

Krautz, Jochen (2009): Orientierung: Geist. In: KUNST+UNTERRICHT Themenheft: „Orientierung im kunstpädagogischen Handeln“, Heft 334/335/2009, S. 38–44.

McEvilley, Thomas (1982): Kopf, es ist Form – Zahl, es ist Inhalt. In: McEvilley, Thomas (1993): Kunst und Unbehagen. Theorie am Ende des 20.Jahrhunderts. München, S.19–52.

Regel, Günther/Schulz, Frank/Kirschenmann, Johannes/Kunde, Harald (1994): Moderne Kunst. Zugänge zu ihrem Verständnis. Stuttgart, S. 18/19 (Abschnitt: Was wir sehen, wenn wir Bilder sehen).

Uhlig, Bettina (2005): Kunstrezeption in der Grundschule. Zu einer grundschulspezifischen Rezeptionsmethodik. München, S. 90–93 (Abschnitt: Inhalt und Form).

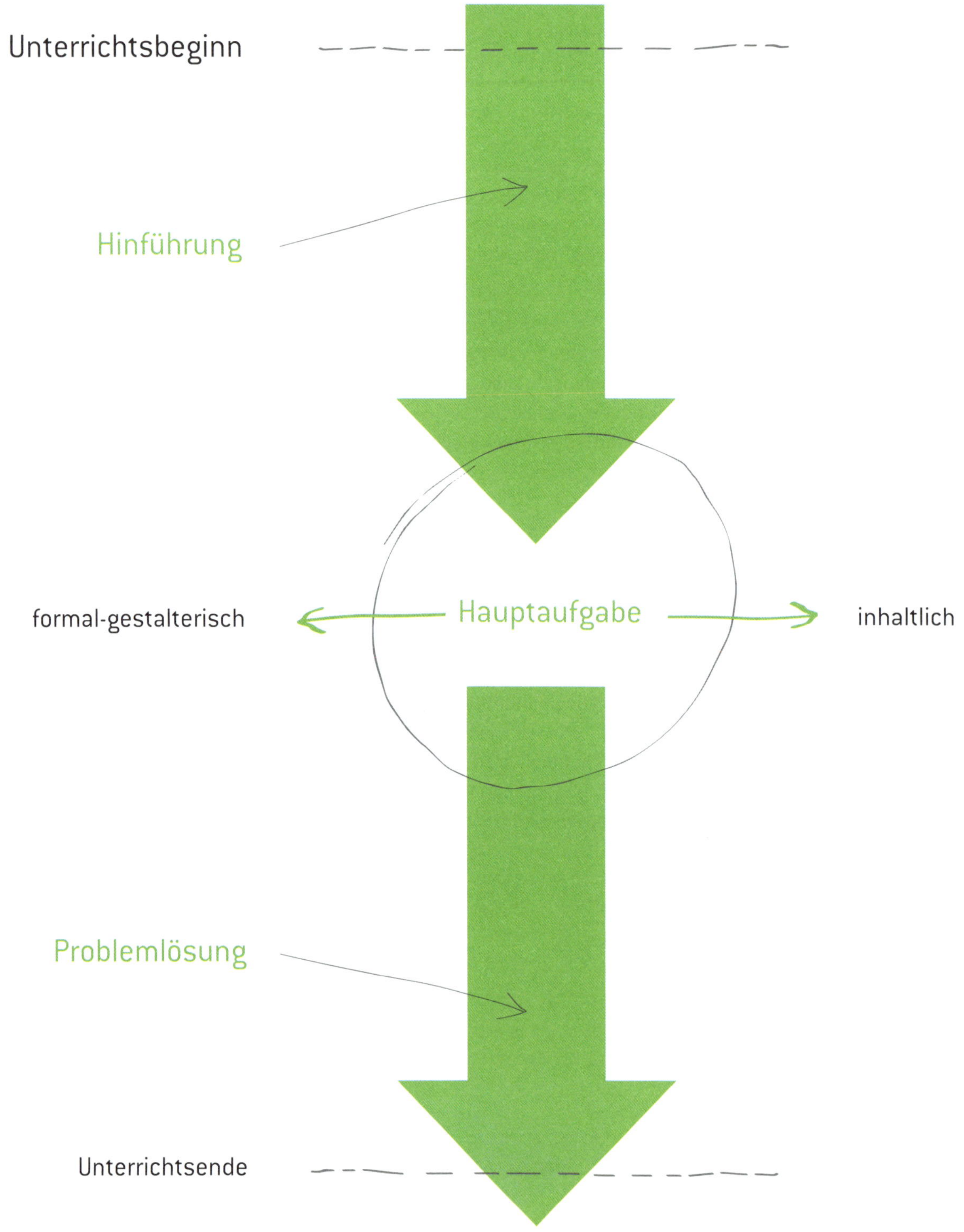
Unterrichtsbeginn
Hinführung
formal-gestalterisch
Hauptaufgabe
inhaltlich
Problemlösung
Unterrichtsende

2.1 Didaktische Figur als Planungsmodell

Die Konzipierung und Planung kunstdidaktischer Zusammenhänge ist komplex und benötigt deshalb ein Modell, das diese Komplexität erfassen kann. Die „Didaktische Figur" ist ein Denk- und Planungsmodell, das diesem Anspruch gerecht wird. Sie lässt sich sowohl auf die Planung mehrerer Wochen umfassender Unterrichtseinheiten als auch für die Planung von Einzel- oder Doppelstunden anwenden. Die grafische Form ermöglicht ein Planen in mehreren Schichtungen und Dimensionen, wie es so in der tabellarischen Planung nicht möglich ist. Sie eignet sich für die Planung in allen Schulstufen, weil sie in Bezug auf den Komplexitätsgrad, auf Unterrichtsmodelle und ebenso auf Formen des offenen oder gebundenen Unterrichts variabel anpassbar ist. Die didaktische Figur ist eine Art „Matrix", die der Gesamtplanung zugrunde liegt und Schritt für Schritt (siehe weitere Planungstools) erweitert, konkretisiert und variiert werden kann. Die Planungsschritte sind nicht beliebig. Sie folgen zusammenhängenden und begründeten Planungsprinzipien. Im Zentrum der Planung steht eine Hauptaufgabe (2.2), die als Herausforderung für Schüler_innen konzipiert ist. Die Planung nach der didaktischen Figur verknüpft allgemeine und fachspezifische didaktische Elemente und bezieht sich speziell auf die Planung von Kunstunterricht. Sie soll den Unterricht sinnvoll strukturieren und Lehrenden gleichzeitig ein flexibles Unterrichtshandeln ermöglichen.

Im Kern besteht die didaktische Figur aus drei Elementen, die eng verschränkt und aufeinander bezogen sind: die **Hauptaufgabe**, die im Zentrum des Unterrichts sowie der Planung steht, die **Hinführung** sowie die **Problemlösung**. In der Planung der Hinführung werden alle Prozesse, welche die Lösung der Hauptaufgabe vorbereiten, durchdacht und methodisch konturiert. Die Hinführung dient zum Aufbau bzw. zur Aktivierung des nötigen Wissens und Könnens, um die gestellte Herausforderung bewältigen zu können. Dazu gehören u. a.: Lehrgänge und Übungsphasen, Material- und Verfahrenskunde, das vor-/gestalterische Experimentieren und Erproben, das gemeinsame und individuelle Entwickeln von Inhaltsdimensionen, das Kennenlernen und Erschließen unterschiedlichster Werkbeispiele. In der Hinführung können sowohl offene als auch gebundene Formen der Unterrichtsführung Anwendung finden. Die Herausforderung der Planungsarbeit besteht darin, den richtigen Modus, Umfang und Zuschnitt für die Hinführung zu entwickeln, um die Schüler_innen entsprechend ihres Lernstandes gezielt auf die Hauptaufgabe vorzubereiten, sie aber ebenso zu motivieren und zu inspirieren.
Die Problemlösungsphase strukturiert den Prozess, der durch die Hauptaufgabe in Gang gesetzt wird. Das aufgebaute Wissen und Können kommt konkret zur Anwendung. Das Zusammenspiel von Wahrnehmung – Vorstellung – Darstellung (vgl. 1.2) soll dabei ebenso zum Tragen kommen wie die Vielfalt der bildnerischen Gestaltungspraxis (vgl. 1.3). Idealerweise arbeiten die Schüler_innen hier selbstständig, in werkstatt- bzw. atelierartigen Lernarrangements und in flexiblen Zeitfenstern an der Realisierung ihrer Gestaltungsideen. Sie sind dabei jedoch nicht sich selbst überlassen, sondern erhalten Unterstützung durch didaktische Hilfestellungen, Zwischen- und Abschlussreflexionen, gezielte Inputs wie Werkbeispiele sowie deren Analyse im Klassengespräch u. v. m., die entsprechend geplant werden müssen. Am Ende dieser Phase steht idealerweise ein gemeinsamer Abschluss (siehe Planungstools), in dem Gelerntes gemeinsam kommunizierbar wird.

Literatur

Amado, Tanja (2019): Unterrichtsbezogene Vorstellungsbildung – Kunstunterricht planen als kreativer Prozess. In: IMAGO. Zeitschrift für Kunstpädagogik. Heft 8/2019, S. 77-94.

Meyer, Hilbert/Feindt, Andreas/Fichten, Wolfgang: Skizze einer Theorie der Unterrichtsentwicklung. Überlegungen zu einem interdisziplinären Ansatz. In: Friedrich-Jahresheft 2007, S. 111–115.

Seydel, Fritz: Es gibt keine guten Methoden. Methodisches Handeln im Kunstunterricht. In: KUNST+UNTERRICHT 304/305/2006, S. 5-11.

Sowa, Hubert (2015): Grundlagen der Kunstpädagogik – anthropologisch und hermeneutisch. In: Glas/Heinen/Krautz/Miller/Sowa/Uhlig: Kunstunterricht verstehen. Schritte zu einer systematischen Theorie und Didaktik der Kunstpädagogik. München, S. 481–517.

Uhlig, Bettina (2006): Kunst. In: Arnold, Karl-Heinz/Sandfuchs, Uwe/Wichmann, Jürgen (Hg.): Handbuch Unterricht. Bad Heilbrunn, S. 503–509.

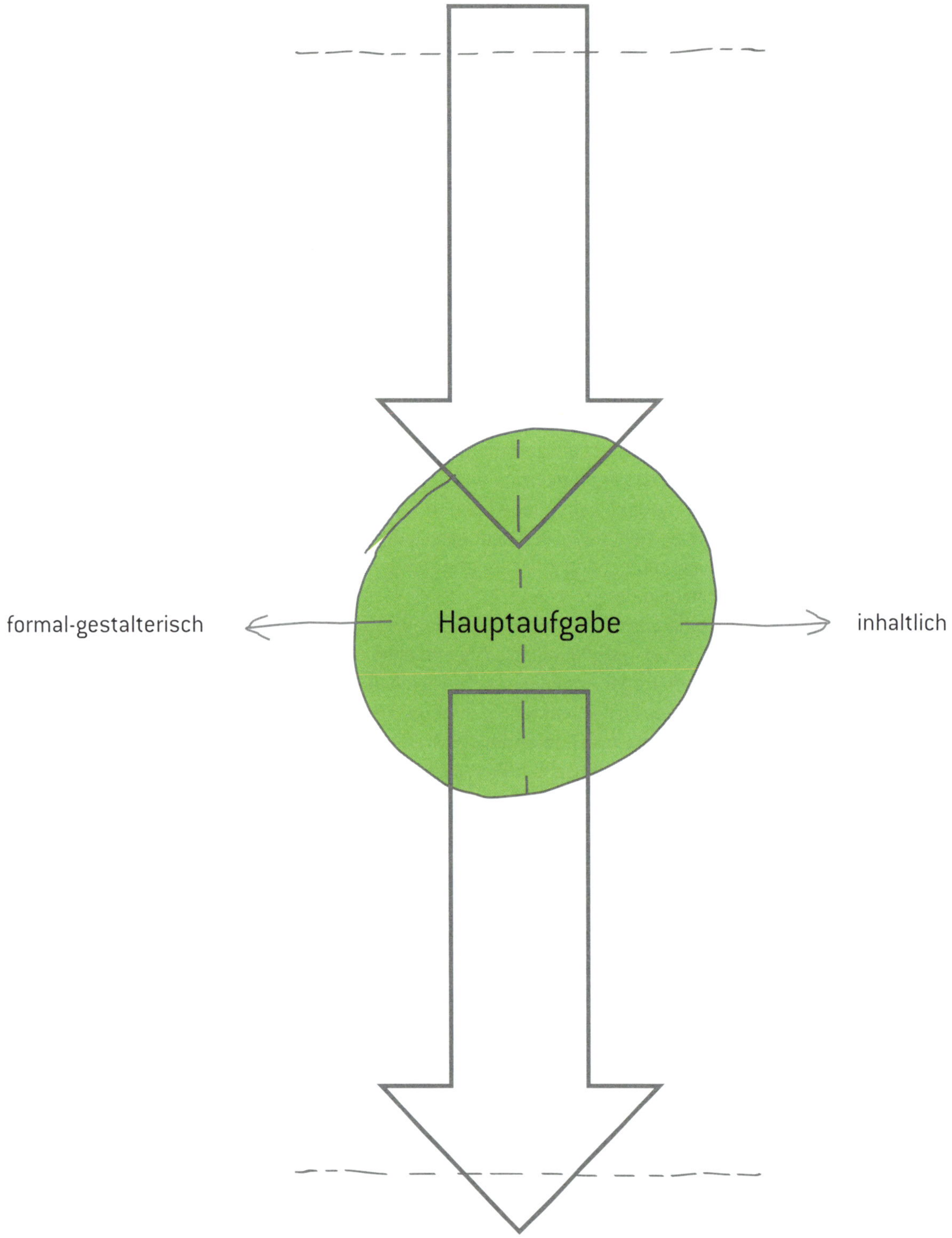
formal-gestalterisch
Hauptaufgabe
inhaltlich

2.2 Hauptaufgabe

Der Ausgangspunkt der Planung ist die Hauptaufgabe, welche die inhaltlichen und formal-gestalterischen Herausforderungen für die Schüler_innen formuliert. Sie ist der „Dreh- und Angelpunkt" für die weitere Planung (Hinführung, Problemlösung, vgl. 2.1) und kann sich sowohl auf eine Unterrichtsstunde als auch auf eine Unterrichtseinheit beziehen. Jede **Hauptaufgabe** besteht aus **inhaltlichen** und **formal-gestalterischen** Komponenten. Eine Akzentuierung ist je nach Unterrichtsziel und -situation möglich, wobei immer sowohl inhaltliche als auch formal-gestalterische Komponenten in der Hauptaufgabe ihre Entsprechung finden sollten.

Die Hauptaufgabe ist fachlich anspruchsvoll und didaktisch sinnvoll; in ihr verdichtet sich ein komplexes Anforderungsniveau. Der Konzipierung der Hauptaufgabe gehen gründliche Analysen voraus (vgl. 3.1 – 3.5), die es auch ermöglichen, einen Erwartungshorizont zu entwickeln. Sie ist zudem in einen curricularen Rahmen eingebunden (Kerncurriculum) und eröffnet einen Lernzuwachs im Kontext langfristiger und nachhaltiger Lernprozesse. Sie bezieht sich einerseits auf bereits Gelerntes und baut darauf auf. Andererseits ist sie bereits auf zukünftige Lernfelder orientiert. Je nach Planung hat die Hauptaufgabe eine bestimmte Position innerhalb der Unterrichtschoreografie. Wenngleich sie stets am Anfang der Planung steht, kann sie innerhalb einer Unterrichtsstunde oder -einheit an verschiedenen Stellen platziert werden.

Eine Hauptaufgabe markiert Lernchancen und gibt einen inhaltlichen sowie formal-gestalterischen Rahmen vor. Die Lernwege können jedoch sehr vielfältig sein. So kann eine Hauptaufgabe als impulsgebendes Angebot im Kontext offener Lernprozesse fungieren oder der Einstieg in Prozesse entdeckenden und explorierenden Lernens sein. Ebenso kann sie an einem bestimmten Punkt innerhalb eines als Lehrgang strukturierten Unterrichtsverlaufes lokalisiert sein (vgl. 2.6).

Die Hauptaufgabe wird in der Planung so formuliert, dass sie für Schüler_innen nachvollziehbar und verständlich ist. Die Art und Weise der Formulierung und Ausdifferenzierung ist maßgeblich dafür, ob sie bei den Schüler_innen Resonanz erzeugt. Eine Hauptaufgabe orientiert sich an den Bedürfnissen, Interessen und Lernressourcen der jeweiligen Lerngruppe. Nur so kann sie Schüler_innen dazu motivieren, sich intensiv und auch über einen längeren Zeitraum mit ausgewählten Inhalten, Fragen und Gestaltungsproblemen auseinanderzusetzen und Lösungen zu finden, die ihr fachliches Wissen und Können vertiefen, ihre Weltzugänge erweitern und einen sinnvollen Lernzuwachs darstellen.

Literatur

Glas, Alexander/Seydel, Fritz/Sowa, Hubert/Uhlig, Bettina (2009) (Hg.): KUNST. Lehrerband 1, S. 8–11; S. 50–57.

KUNST+UNTERRICHT Themenheft: „Bildkompetenz – Aufgaben stellen", Heft 341/2010. Seelze.

Sowa, Hubert (2015): Wege der Aufgabenkonstruktion. Am Beispiel Kunstunterricht im Völkerkundemuseum. In: Glas/Heinen/Krautz/Miller/Sowa/Uhlig: Kunstunterricht verstehen. Schritte zu einer systematischen Theorie und Didaktik der Kunstpädagogik. München, S. 519–538.

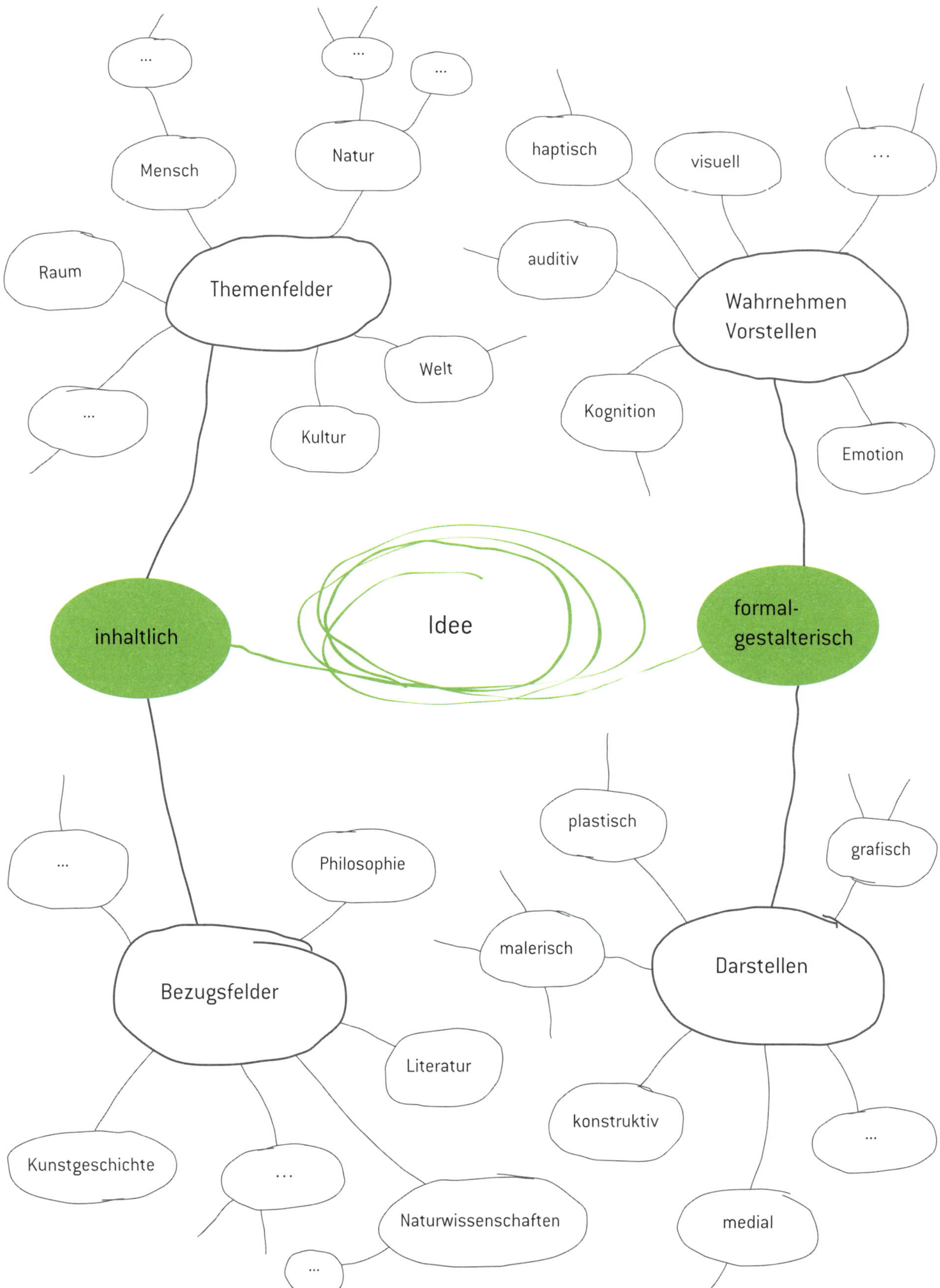
...
...
...
Mensch
Natur
haptisch
visuell
...
Raum
Themenfelder
auditiv
Wahrnehmen
Vorstellen
Welt
...
Kultur
Kognition
Emotion
inhaltlich
Idee
formal-
gestalterisch
plastisch
grafisch
...
Philosophie
malerisch
Darstellen
Bezugsfelder
Literatur
konstruktiv
...
Kunstgeschichte
...
Naturwissenschaften
medial
...

2.3 Mindmap

Eine Mindmap kann für eine Unterrichtseinheit oder Einzelstunde angelegt werden. Ausgangspunkt der Mindmap ist eine vage, noch unscharfe Unterrichtsidee – z. B. im Sinne einer Assoziation, eines Gedankens, eines Begriffs, eines Bildes. Diese Idee steht im Zentrum und wird durch den Prozess der Mindmap-Ausarbeitung im Blick auf Unterricht immer weiter präzisiert. Um ein möglichst umfängliches Netzwerk an Teilaspekten zu entwickeln und jeweils Bezüge und Strukturierungen zwischen den Teilaspekten herzustellen, muss man sukzessive vorgehen. Mit jedem Schritt erweitert und verdichtet sich die Mindmap.

Die Gestaltung der Mindmap spiegelt die inhaltlichen und formal-gestalterischen Aspekte jeder Aufgabenkonstruktion wider (vgl. Kap. 1): **Themenfelder** und **Bezugsfelder** auf der inhaltlichen Seite sowie Aspekte des **Wahrnehmens**, **Vorstellens** und **Darstellens** auf der formal-gestalterischen Seite werden mittels der Mindmap zunehmend ausdifferenziert und untereinander verbunden. Erst durch das Entfalten und Verzahnen der inhaltlichen und formal-gestalterischen Aspekte konkretisiert sich die Anfangsidee. Die Formulierung eines Titels für die Einheit/Stunde wird nun möglich.

Die Mindmap selbst bleibt stets variabel und erweiterbar, so dass dieses Planungsinstrument erst durch hermeneutische Rückgriffe, Ergänzungen und Überarbeitungen während der weiteren Unterrichtsplanung seine volle Wirkung entfaltet.

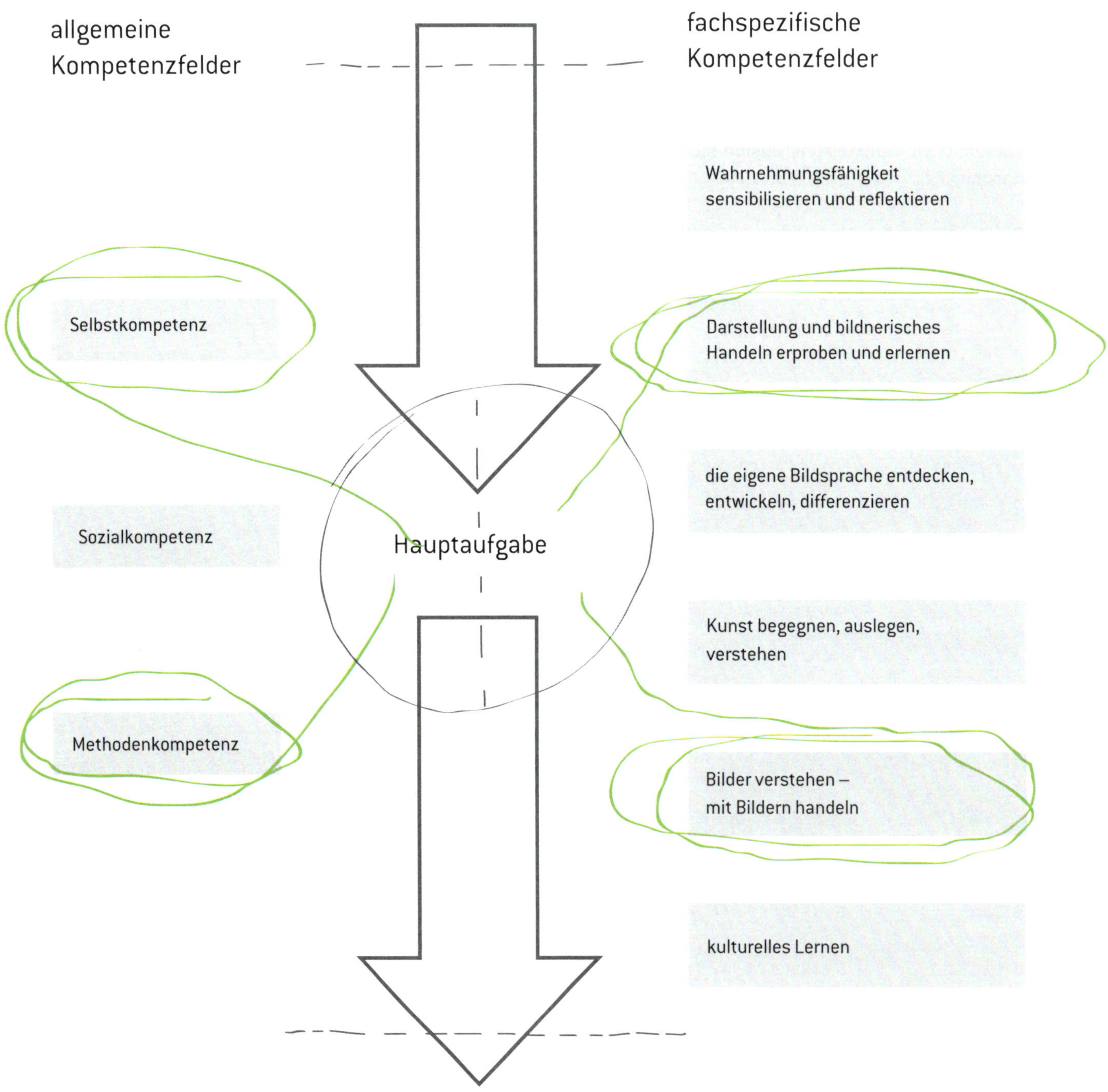
allgemeine
Kompetenzfelder
fachspezifische
Kompetenzfelder
Wahrnehmungsfähigkeit sensibilisieren und reflektieren
Selbstkompetenz
Darstellung und bildnerisches Handeln erproben und erlernen
die eigene Bildsprache entdecken, entwickeln, differenzieren
Sozialkompetenz
Hauptaufgabe
Kunst begegnen, auslegen, verstehen
Methodenkompetenz
Bilder verstehen – mit Bildern handeln
kulturelles Lernen

2.4 Kompetenzfelder

In der derzeitigen bildungspolitischen Debatte um Kompetenzen wird zumeist im Sinne eines engen Kompetenzbegriffs argumentiert, der sich in Form von Standards und Curricula im Hinblick auf Jahrgangsstufen oder Niveaustufen zuspitzt. Ein enger Kompetenzbegriff ist jedoch berechtigterweise zu hinterfragen und zu kritisieren (v. a. Krautz 2010). Ihm kann ein weites Kompetenzverständnis auf der Grundlage eines humanistischen Bildungsverständnisses entgegen gehalten werden. Denn das englische Wort competence bezieht sich einerseits auf die allgemeinen Fähigkeiten (the ability to do something well) und andererseits auf die konkreten Fähigkeiten (professional technical competence). Diese allgemeinen Fähigkeiten, etwas gut oder gelingend zu tun, zielen nicht auf einen abprüfbaren Lernzuwachs. Vielmehr geht es dabei um die Komplexität menschlicher Fähigkeiten sowie um die Offenheit der Anwendungsbezüge im Rahmen menschlicher Lebenspraxis. Die Herausbildung und Anwendung von allgemeinen Kompetenzen kann perspektivisch weit über die konkrete Lernsituation hinausreichen.
Kompetenzen lassen sich nicht quantifizieren, sondern allenfalls in ihrer Qualität beschreiben. Es geht nicht darum, ob man sie erworben hat oder nicht, sondern vielmehr welche Qualität sie (heute und später) aufweisen. Kompetenzen lassen sich entwickeln, ergänzen, erweitern und ebenso verfeinern, anreichern, kultivieren.

Wie können diese Überlegungen in die Unterrichtsplanung einfließen? Die Planung markiert Kompetenzerwartungen in ausgewählten Kompetenzfeldern, ohne aus dem Blick zu verlieren, dass eine Unterrichtsstunde immer nur Teil eines langjährigen individuellen Bildungsprozesses ist, zu welchem die Unterrichtsstunde einen Beitrag leistet.
Es ist zu betonen, dass allgemeine Kompetenzen ‚leer' bleiben, wenn sie keine konkreten fachlichen Anwendungsbezüge haben. Denn es ist nicht egal, woran sich beispielsweise methodische Kompetenz bildet. Für diesen konkreten Anwendungsbezug sind die fachlichen Kompetenzfelder entscheidend, denn an und in ihnen konkretisieren sich allgemeine Kompetenzen. Umgekehrt bieten die fachlichen Kompetenzfelder spezifische Anwendungsbezüge für die Herausbildung allgemeiner Kompetenzen. So können methodische Kompetenzen in Bezug auf die Modifizierung der eigenen Bildsprache gewonnen werden oder soziale Kompetenzen in Bezug auf kulturelles Lernen. Ebenso kann die Weiterentwicklung der eigenen bildsprachlichen Fähigkeiten das Selbstkonzept stärken und so im Sinne der Selbstkompetenz wirksam werden.

Wir sprechen bewusst von Kompetenzfeldern, um deutlich zu machen, dass damit offene und weite Bildungsbereiche gemeint sind. Denn sie lassen sich identifizieren, jedoch nicht in allen Einzelheiten erfassen und operationalisieren. Sie können im gesamten Unterrichtsverlauf verortet sein. In der Planung werden die Kompetenzfelder im Hinblick auf die Zielrichtung der Hauptaufgabe ausgewiesen. Welche Kompetenzfelder lassen sich durch eine Hauptaufgabe in besonderem Maße fördern? Der Kunstunterricht arbeitet kontinuierlich an allen allgemeinen sowie fachspezifischen Kompetenzfeldern und betont die Korrespondenzen zwischen ihnen. In jeder Unterrichtsstunde treten einzelne Kompetenzfelder stärker hervor als andere.

Literatur

Grünewald, Dietrich/Sowa, Hubert (2006): Künstlerische Basiskompetenzen und ästhetisches Surplus. Zum Problem der Standardisierung von künstlerisch-ästhetischer Bildung. In: Kirschenmann, Johannes/Schulz, Frank/Sowa, Hubert (Hg.): Kunstpädagogik im Projekt der allgemeinen Bildung. München, S. 286–313.

Krautz, Jochen (2010): Kompetenz als „Fähigkeit zur Anpassung". Zum Problem unkritischer Begriffsimporte in die Fachdidaktik. In BDK-Mitteilungen 2/2010, S. 13–14.

Krautz, Jochen/Sowa, Hubert (2013): Lernen, Üben, Können und Wissen im Kunstunterricht. In: KUNST+UNTERRICHT 369/370/2013, S. 4–9.

Seydel, Fritz (2007): Kompetenzfach Kunst. Zu einem Reizwort im aktuellen kunstpädagogischen Diskurs. In: BDK-Mitteilungen. 02/2007, S. 6–10.

Wagner, Ernst (2010): Aufgaben, Bildungsstandards, Kompetenzen. Versuch einer Klärung der Begriffsvielfalt. In: KUNST+UNTERRICHT 341/2010, S. 4-13.

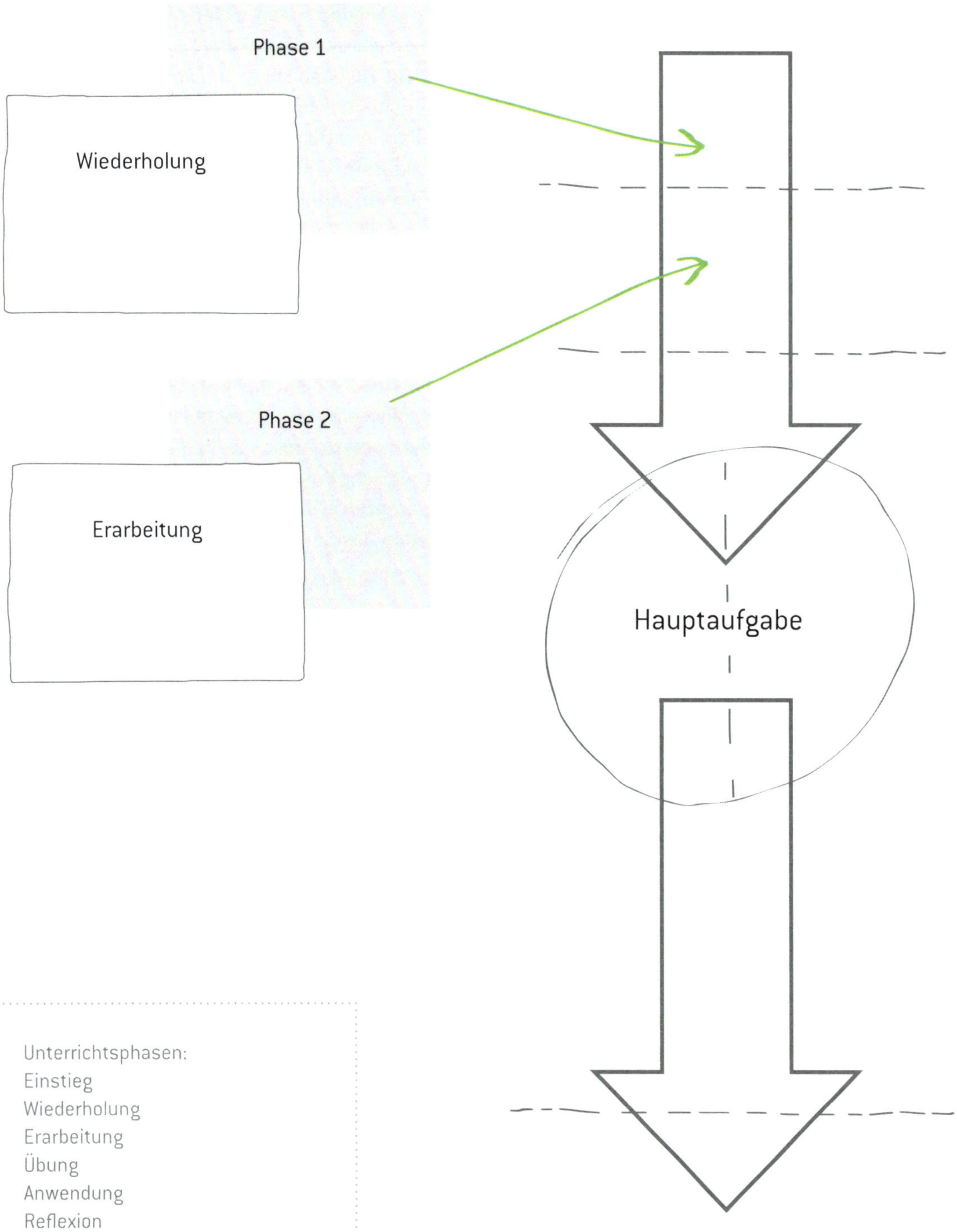

Unterrichtsphasen:
Einstieg
Wiederholung
Erarbeitung
Übung
Anwendung
Reflexion
Präsentation
Weiterarbeit

2.5 Unterrichtsphasen

Unterrichtsphasen strukturieren und gliedern den Unterricht. Jeder Unterrichtsphase lässt sich eine bestimmte Funktion zuordnen, welche die Phase charakterisiert (Übung, Wiederholung, Anwendung u. a.). Unterrichtsphasen bzw. -funktionen lassen sich – je nach Unterrichtsinhalt und Ziel – kombinieren und aufeinander beziehen. Es gibt keine starre Abfolge von Unterrichtsphasen, weil diese zu einer Formalisierung und Schablonisierung von Unterricht führen würde. Vielmehr ist es eine Herausforderung für die Lehrperson, einen abwechslungsreichen Unterrichtsverlauf zu planen, der stimmig und sinnvoll in Bezug auf das Unterrichtsthema bzw. die Hauptaufgabe ist und tatsächliche Lernchancen bietet.

Bei der Planung von Unterrichtsphasen ist das permanente Zusammenspiel von Lehren und Lernen zu berücksichtigen. Gezieltes und reflektiertes Lehrhandeln eröffnet (differenzierte) Lernanlässe und Lernmöglichkeiten für die Schüler_innen. Lehrende inspirieren, unterstützen, begleiten, forcieren und lenken das Lernen der Schüler_innen. Dabei ist stets genügend Lernzeit für die Schüler_innen einzuplanen. Lehrende und Lernende beziehen sich im Lernprozess unmittelbar aufeinander. Lernen im Kunstunterricht ist relationales Lernen: Lernen in Beziehung. Dieses relationale Verhältnis (vgl. 1.1) grundiert und prägt alle Unterrichtsphasen. Die Lehr-Lern-Charakteristik einer Erarbeitungsphase unterscheidet sich jedoch von der Lehr-Lern-Charakteristik einer Übungsphase. Die Spezifik des Lehrhandelns in Bezug auf die Lernmöglichkeiten innerhalb einer Unterrichtsphase sind bei der Planung von Unterrichtsphasen konsequent zu berücksichtigen.

Wir unterscheiden folgende Unterrichtsphasen/-funktionen:

- **Orientierung:** Lehrende ermöglichen den Schüler_innen Orientierung über Verlauf, Ziel und Lernerwartung einer Unterrichtsstunde, einer Einheit oder eines größeren Lernzusammenhangs (z. B. Projekt). Ebenso markieren sie die Position und Bedeutung des Unterrichtsthemas innerhalb eines größeren Lernfeldes (Curriculum); Orientierungsphasen können am Anfang und innerhalb eines Prozesses platziert sein; sie ermöglichen Lernenden den Überblick über den Unterrichtsverlauf und die Verortung in fachlichen Zusammenhängen.
- **Wiederholung:** Aktivierung und Memorierung von bereits Gelerntem.
- **Erarbeitung:** von neuen Unterrichtsgegenständen und Unterrichtszusammenhängen, Verfahren u. a. durch gezielte Lehrhandlungen und differenzierte Lernmöglichkeiten.
- **Übung:** von Handlungsabläufen, gestalterischen Techniken und Verfahren, rezeptiven Analyseverfahren u. a. zur Vertiefung und Habitualisierung.
- **Anwendung:** Gelerntes in neuen Zusammenhängen problemlösend verwenden, transferieren, variieren, vertiefen, verknüpfen.
- **Reflexion:** über erworbenes Wissen und Können nachdenken, es einschätzen, beurteilen.
- **Präsentation:** etwas in einer adäquaten Form darstellen, zeigen, kommunizieren.
- **Weiterarbeit:** an Gelerntes anknüpfen, es fortsetzen, ergänzen, erweitern, modifizieren.

Nicht in jeder Unterrichtsstunde gibt es alle Unterrichtsphasen/-funktionen. Es findet eine Auswahl und Gewichtung statt.

Literatur

Paradies, Liane (2006): Stufung des Unterrichts. In: Arnold, Karl-Heinz/Sandfuchs, Uwe/Wiechmann, Jürgen (Hg.): Handbuch Unterricht. Bad Heilbrunn, S. 261–265.

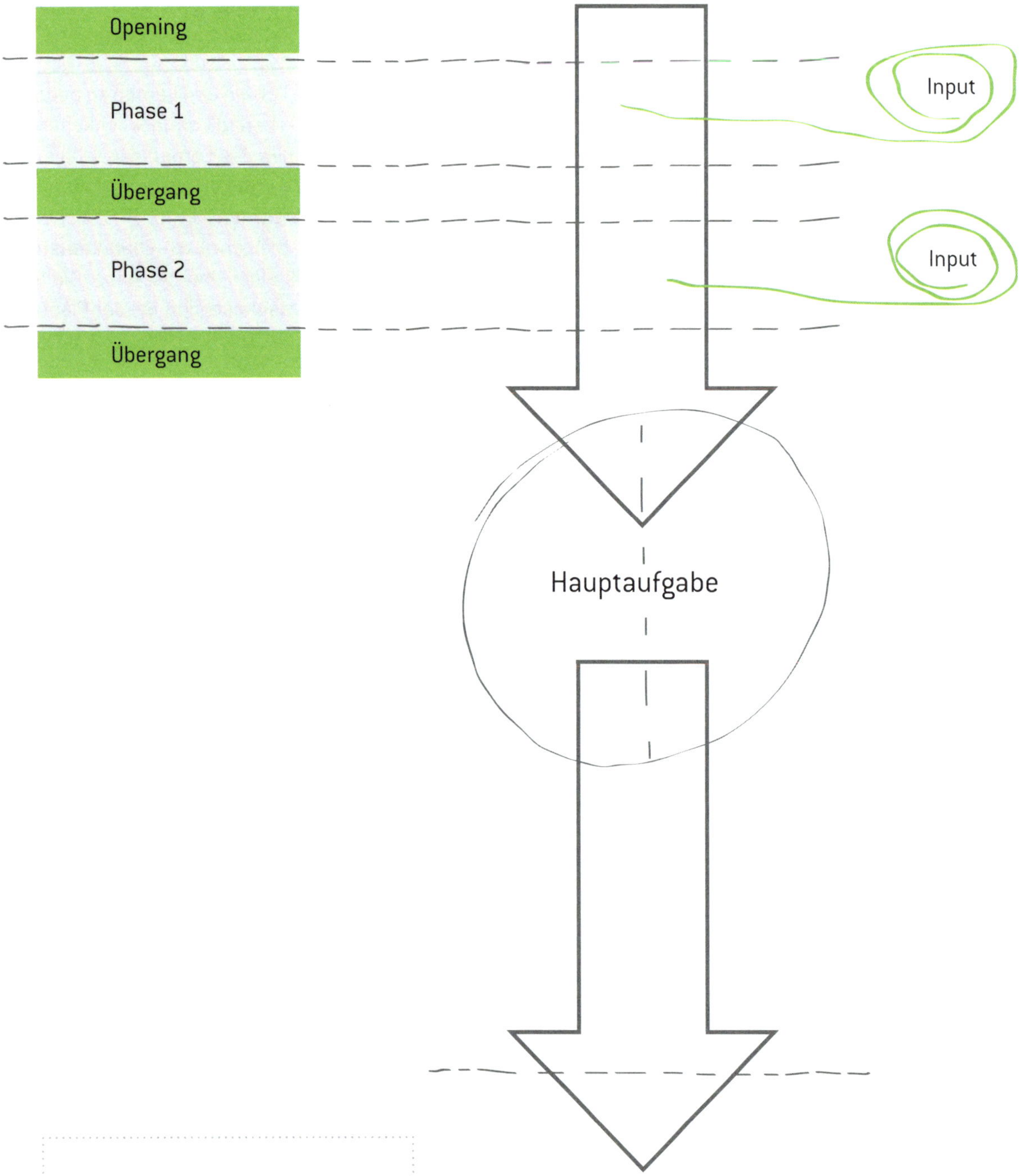

Unterrichtselemente:
Opening
Übergänge
Inputs
Abschluss

2.6 Unterrichtselemente

Unterrichtsphasen bilden die großen Einheiten und Zeitfenster, in denen Lernen (und Lehren) stattfindet. Die Unterrichtselemente sind ergänzende, flexibel zu handhabende Handlungsoptionen von Lehrenden. Sie ermöglichen es, die Lehr-Lernprozesse zu rahmen (Opening, Abschluss), zu akzentuieren (Übergänge), situativ einzugreifen, spontan zu agieren und differenzierte Angebote zu machen (Inputs).

Dass Lernen in Relation bzw. zwischen Menschen stattfindet, ist besonders für den Einsatz und die Wirksamkeit von Unterrichtselementen bedeutsam. Denn nur, wenn sie bei Schüler_innen eine Resonanz erzeugen, wenn sie mit den Interaktionen der Lehrperson etwas anfangen können, werden Unterrichtselemente wahrgenommen und aufgegriffen. Lehrende wiederum müssen sehr achtsam beobachten, wie sich die Lernprozesse innerhalb einer Lerngruppe entwickeln, um situativ auf einzelne Schüler_innen oder die Lerngruppe reagieren zu können. Lehr- und Lernprozesse sind in diesem Sinne ein „Balanceakt" zwischen Lehrenden und Lernenden, der sich permanent neu einstellt und justiert. Die Balance zu halten ist eine besondere pädagogische und didaktische Herausforderung (vgl. Faulstich 2013; Krautz 2013; Künkler 2011); Unterrichtselemente sind Instrumentarien, die dabei helfen.

Unterrichtselemente sollten in der Planung mitgedacht werden: Einige Unterrichtselemente lassen sich bereits schriftlich benennen und beschreiben, für andere können „Leerstellen" gelassen werden, die sich erst in der konkreten Unterrichtssituation füllen.

Wesentliche Unterrichtselemente:

- **Opening** ist eine bewusste „Inszenierung" des Unterrichtsanfangs. Das Opening des Unterrichts beginnt bereits mit dem Eintreten einer Lehrperson in den Unterrichtsraum (Präsenz, Anwesenheit). Es gibt „cold openings" (ein aus Sicht der Schüler_innen plötzlicher, unerwarteter, irritierender Beginn) oder „warm openings" (Begrüßung, wiederkehrende Rituale u. a.). Openings müssen – auch wenn sie mitunter spontan wirken – gut geplant werden.
- **Übergänge** sind „Kontaktstellen" zwischen Unterrichtsphasen, die Schüler_innen anzeigen, wann eine neue Unterrichtsphase beginnt: Es gibt „sanfte" (für Schüler_innen kaum zu merkende) Übergänge und „deutliche" Übergänge, die eine Zäsur im Unterrichtsverlauf sind. Die Übergänge sowie die Art und Weise, wie die Übergänge kommuniziert werden, sind in der Planung auszuführen.
- **Inputs** sind punktuelle Interventionen im Unterrichtsverlauf. Es lassen sich geplante und ungeplante Inputs unterscheiden. Beim Einsatz von Inputs ist zu fragen: was wird durch einen Input eingebracht (z. B. ein zweitrangiger Aspekt aus einer Hauptaufgabe, ein wichtiger Hinweis, weiteres Material), an wen richtet sich ein Input (einzelne Schüler_innen, Kleingruppen, gesamte Lerngruppe) und wie wird der Input eingebracht (flüsternd, nonverbal, gestisch, mit Anschauungsmitteln u. a.). Jede Unterrichtsstunde sollte geplante wie ungeplante Inputs haben, da diese den Unterricht „lebendig" machen.
- Für den **Abschluss** gilt Ähnliches wie für das Opening. Das Aufräumen, das am Ende einer Kunststunde üblich ist, ist noch nicht der Abschluss! Für den Abschluss muss ein entsprechendes Zeitfenster eingeplant werden. Zum Abschluss kann die Unterrichtsstunde oder -einheit noch einmal rekapituliert, reflektiert und kontextualisiert werden; auch sollte ein Ausblick auf Kommendes erfolgen.

Literatur

Faulstich, Peter (2013): Menschliches Lernen. Eine kritisch-pragmatische Lerntheorie. Bielefeld.

Krautz, Jochen (2013): Relationalität gestalten: Persönlichkeit und Beziehung in der Kunstdidaktik. In: Krautz, Jochen/Schieren, Jost (Hg.): Persönlichkeit und Beziehung als Grundlagen der Pädagogik. Beiträge zur Pädagogik der Person. Weinheim/Basel, S. 143–169.

Künkler, Tobias (2011): Lernen in Beziehung. Zum Verhältnis von Subjektivität und Relationalität in Lernprozessen. Bielefeld.

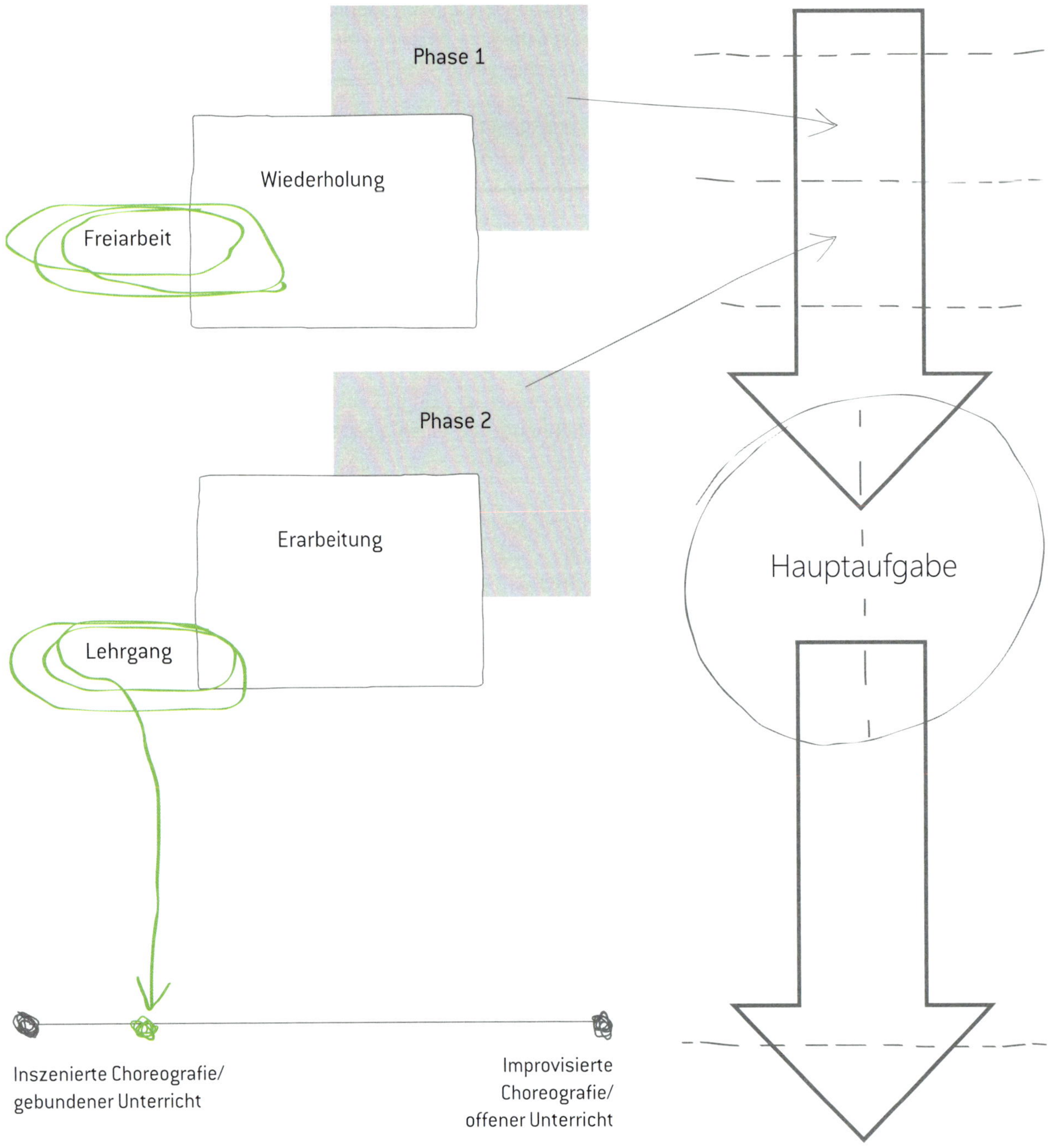

Lehr-Lernformen:
Lehrgang
Vortrag Werkstatt
Stationenarbeit
Freiarbeit
Projekt
Aufgabentresen
Wochenplan
Rollenspiel
Unterrichtsgespräch

2.7 Lehr-/Lernformen

Lehr- und Lernformen sind Organisationsformen von Unterricht. Die Lehrperson kennt und beherrscht die ganze Breite der Lehr-/Lernformen und wählt bewusst aus, welche Lehr-/Lernform in einer Unterrichtssituation die größte Lernwirksamkeit erzielen kann. Im Kunstunterricht spannt sich das Spektrum der Lehr-/Lernformen von gebundenem Unterricht im Sinne einer „inszenierten Choreografie" bis hin zu offenem Unterricht im Sinne einer „improvisierten Choreografie". Zwischen diesen Polen lassen sich vielfältige Lehr-/Lernformen verorten, wie zum Beispiel: der Lehrgang, der Vortrag, die Werkstatt, die Stationenarbeit, die Freiarbeit, das Projekt, der Aufgabentresen, der Wochenplan, das Rollenspiel, das Unterrichtsgespräch. Lehr-/Lernformen sollten nie pauschal entweder offenen oder gebundenen Unterrichtsformen zugeordnet werden. So bietet beispielsweise die Wochenplanarbeit – je nach Konzeption – sowohl Varianten des offenen als auch des gebundenen Unterrichts an. Jede Lehr-/Lernform basiert auf räumlichen und zeitlichen Lernarrangements – im Kunstunterricht gibt es vielseitige Möglichkeiten von Lernarrangements, die sich z. B. an einem Maleratelier, einer Keramikwerkstatt, einem Forschungslabor orientieren.

Die größten Lernchancen für Schüler_innen sind dann gegeben, wenn die Lehrperson einen hohen Grad an Flexibilität im Einsatz von Lehr-/Lernformen im Unterricht besitzt, denn dies kommt den diversen Lernvoraussetzungen und -profilen der Schüler_innen auch und gerade im Kunstunterricht entgegen. Das ist deshalb zu betonen, weil Kunstunterricht oft einseitig im Bereich des offenen Unterrichts angesiedelt wird und dies zu starken Verkürzungen führt. Denn: Der Gedanke, offenem Unterricht stets ‚selbstgesteuertes' Lernen und gebundenem Unterricht ‚fremdbestimmtes' Lernen zuzuordnen, ist in zweifacher Hinsicht problematisch. Einerseits sind mit Schüler_innen methodische Handlungsformen zu erarbeiten, damit diese in offenen Unterrichtsphasen erfolgreich lernen können. Verfügen Schüler_innen nicht über derartiges Wissen und Können, sind sie in offenen Unterrichtsphasen rasch überfordert – selbstständiges Lernen wird dann verfehlt. Andererseits vollziehen sich Person sein und Person werden des Menschen immer im Dialog mit sowie in Beziehung zu anderen und zur Welt (vgl. Krautz 2013, S. 9). Schüler_innen erwerben fachspezifische und fächerübergreifende Fähigkeiten somit nie solipsistisch oder gar ‚fremdbestimmt', sondern relational, d. h. in Beziehung zu anderen und zur Welt (vgl. 1.1). Selbstständiges Lernen darf deshalb nicht mit solipsistischem Lernen gleichgesetzt werden und gebundene Unterrichtsphasen dürfen nicht mit fremdbestimmtem Lernen assoziiert werden.

Die Auswahl von Lehr- und Lernformen erfolgt vor dem Hintergrund der Funktionen des Lehrens und Lernens in den jeweiligen Unterrichtsphasen. Funktionen liegen beispielsweise in der Erarbeitung, Übung, Wiederholung, Vertiefung, Anwendung, Reflexion (vgl. 2.5). Die Entscheidung für eine gebundene oder offene Lehr-/Lernform in einer Unterrichtsphase bedeutet keinesfalls, dass im weiteren Verlauf des Unterrichts ebenfalls gebundene oder offene Lehr-/Lernformen zu wählen sind. Viel eher bedarf es stets einer Balance zwischen offenen und gebundenen Lehr-/Lernformen sowie ihren Varianten.

Ein grundlegendes Prinzip des Lehrens und Lernens im Kunstunterricht zeigt sich in der elementaren Situation der gemeinsamen Aufmerksamkeit auf einen geteilten (sozialen oder kulturellen) Weltausschnitt (vgl. Krautz 2013). Kooperativen Lehr- und Lernformen im Sinne eines gemeinsamen Lernens kommt im Kunstunterricht somit eine grundlegende Bedeutung zu. Diese Auffassung grenzt sich gegen jene Auffassung ab, die Kunstunterricht als Verwirklichung eines isoliert-individualistischen Künstlertyps versteht. Kinder sind keine Künstler und Kunstunterricht macht aus Kindern keine Künstler. Heranwachsende lernen gemeinsam an und mit Kunst etwas über die Geschichte und Gegenwart der kulturellen Bezüge, in denen sie leben.

Literatur

BDK AG Grundschule: Choreografie zwischen Inszenierung und Improvisation. In: bdkgrundschule.com (letzter Zugriff: 10.05.2021)

Krautz, Jochen (2013). Ich, Wir, Welt: Zur Systematik und Didaktik einer personalen Kunstpädagogik. In: Schriftenreihe Fachdidaktische Forschung, Nr. 8, April 2013. Online verfügbar: http://www.uni-hildesheim.de/media/forschung/fff/Schriftenreihe/KRAUTZ_Schriftenreihe_01.pdf (letzter Zugriff: 22.06.2014).

Meyer, Hilbert ([9]2002): UnterrichtsMethoden I: Theorieband. Berlin.

Richert, Peggy (2006): Unterricht als Lehrer-Schüler-Interaktion. In: Arnold, Karl-Heinz/Sandfuchs, Uwe/Wiechmann, Jürgen (Hg.): Handbuch Unterricht. Bad Heilbrunn, S. 225–229.

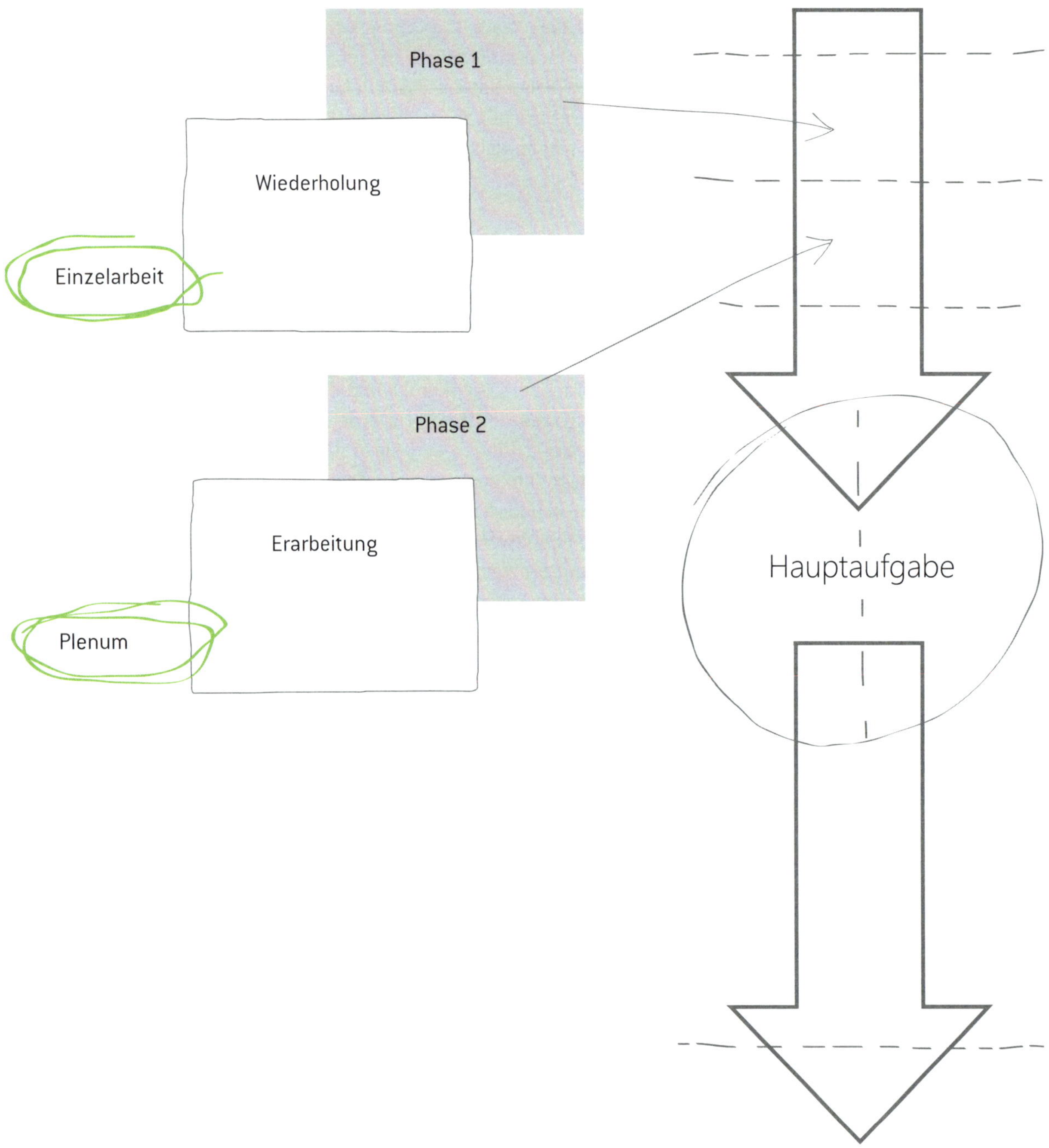

Sozialformen:
Einzelarbeit
Partnerarbeit
Gruppenarbeit
Klasse/Plenum

2.8 Sozialformen

Sozialformen organisieren die Sitzordnung und Raumordnung von Lehrperson und Schüler_innen. Sie nehmen grundlegenden Einfluss auf die Kommunikations- und Interaktionsstruktur und damit auf Lernprozesse innerhalb des Unterrichts. Sozialformen werden stets in Relation zur gesamten Gruppe definiert, die in der Regel der Klassenverband ist (vgl. Meyer [9]2002).

Wir können zwischen vier Sozialformen unterscheiden:

- Einzelarbeit;
- Partnerarbeit;
- Gruppenarbeit;
- Arbeit mit dem Plenum (i. d. R. Klasse).

Mischformen zwischen einzelnen Sozialformen sind möglich. Innerhalb einer Sozialform lassen sich jeweils weitere Differenzierungen vornehmen. So kann die gesamte Klasse (Plenum) zum Beispiel an Gruppentischen verteilt arbeiten, im „Kinositz" vor der Tafel sitzen oder eine gemeinsame Aktivität (Einrahmen und Aufhängen von Bilderrahmen) ausführen. Partner können sowohl Sitznachbarn sein als auch zwei Kinder der Klasse, die gemeinsam an einer Sache arbeiten möchten. In diesem Zusammenhang ist zu erwähnen, dass Plenums- bzw. Klassenunterricht oft als Frontalunterricht bezeichnet wird. Diese Bezeichnung ist jedoch häufig ungeeignet, da eine Entscheidung für Klassenunterricht keinesfalls implizieren muss, dass sich Schüler_innen und Lehrperson frontal gegenübersitzen.

In der Planung werden die Sozialformen den jeweiligen Unterrichtsphasen zugeordnet. In der Regel gibt es eine tragende Sozialform innerhalb einer Unterrichtsphase – es ist jedoch auch möglich, mehrere Sozialformen zu kombinieren, zum Beispiel im Rahmen von lerngruppenorientierten Unterrichtsprozessen. Über das Festlegen einer Sozialform hinaus ist auch die damit verbundene Organisationsform (Sitzordnung u. a.) zu benennen. Dabei ist nicht zu unterschätzen, dass Sozialformen sich nicht von selbst herstellen, sondern entsprechend angeleitet und geübt werden müssen. Regelmäßige Erfahrungen bei der Arbeit mit unterschiedlichen Sozialformen unterstützen die Selbstständigkeit von Lernenden und machen den Unterricht „flüssig".

Vor dem Hintergrund eines relationalen Lernbegriffs (Krautz 2014) sind im Kunstunterricht Sozialformen in einer Art und Weise zu wählen und zu kombinieren, dass geteilte Aufmerksamkeit und damit gemeinsames Wahrnehmen, Vorstellen und Darstellen möglich wird.

Literatur

Kirk, Sabine (2006): Partner- und Gruppenarbeit. In: Arnold, Karl-Heinz/Sandfuchs, Uwe/Wiechmann, Jürgen (Hg.): Handbuch Unterricht. Bad Heilbrunn, S. 299–302.

Krautz, Jochen (2014): Imagination als Beziehung. In: Sowa, Hubert/ Glas, Alexander/ Miller, Monika (Hgg.): Bildung der Imagination. Band 2. Bildlichkeit und Vorstellungsbildung in Lernprozessen. Oberhausen, S. 121–149.

Meyer, Hilbert ([9]2002): UnterrichtsMethoden. I: Theorieband. Frankfurt a. M.

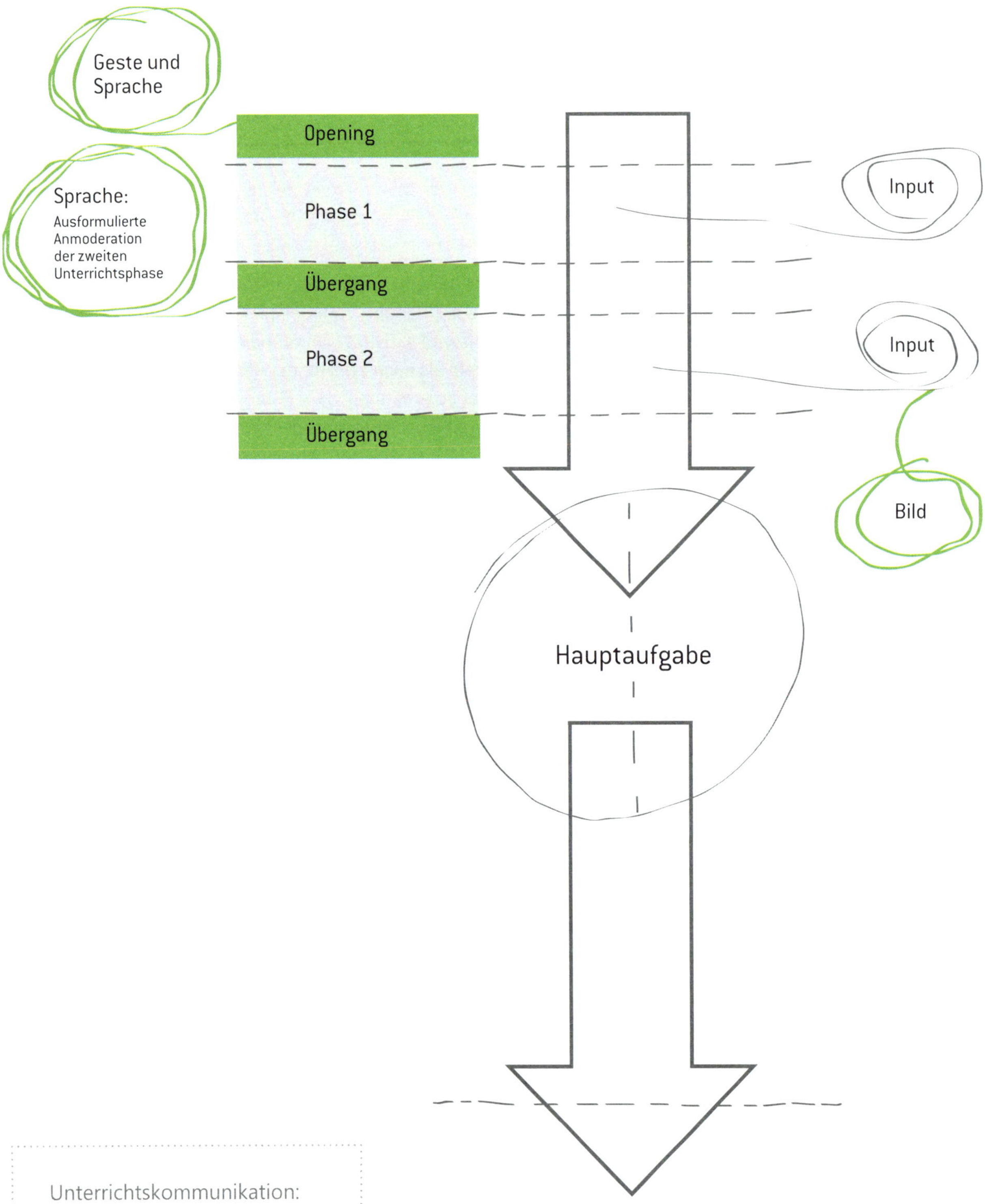

Unterrichtskommunikation:
Sprache
Geste
Bild

2.9 Unterrichtskommunikation

Das Gelingen von Unterricht hängt fundamental davon ab, ob die Kommunikation zwischen Lehrenden und Lernenden stimmt. Eine positive Beziehung zwischen Lehrenden und Lernenden erfordert von der Lehrperson ein hohes Maß an Empathie, Fürsorge und Respekt gegenüber Lernenden (Hattie 2013). Deshalb ist Unterrichtskommunikation – also die Art und Weise, wie Lehrende mit Schüler_innen in Kontakt treten und interagieren – ein wesentlicher Aspekt von Lehrer_innen-Professionalität. Sicher hat jede Lehrerin und jeder Lehrer einen eigenen Stil, eine eigene Art, die sich durch langjährige Erfahrungen herausbildet und etabliert. Unabhängig davon gibt es Regeln und Standards für die Unterrichtskommunikation, die gelernt und habitualisiert werden können. Auch sie sollten ein Element von Unterrichtsplanung sein.

Es ist zwischen drei Modi der Kommunikation zu unterscheiden: Sprache, Geste, Bild. Jeder Modus sollte im Unterricht zur Anwendung kommen und in der Planung bedacht werden.

Sprache

Unterrichtssprache sollte am Verstehenshorizont der Schüler_innen orientiert sein. Es gilt, das richtige Maß zwischen einer angemessenen Umgangssprache und einer sachlichen sowie fachlichen Sprache (Fachbegriffe) zu finden. Wichtig ist der professionelle Umgang mit Sprache (Tempo, Modulation, Lautstärke u. a.). Es sollte jedoch keine „gekünstelte Lehrersprache“ angestrebt werden, sondern – im Gegenteil – ein dialogorientiertes, sinnstiftendes Miteinander-Sprechen (vgl. Duncker 2012).
Mündliche und schriftliche Sprache (Tafelbild, Arbeitsaufträge, Infotexte u. a.) wechseln sich im Unterricht ab. Das Selbst-Sprechen (und -Schreiben) ist jedoch nur eine Seite der sprachlichen Kommunikation. Unverzichtbar für eine gelingende Unterrichtskommunikation ist das Zuhören. Nur durch aufmerksames und ernsthaftes Zuhören kann Vertrauen und Wertschätzung zwischen Lehrenden und Lernenden (auch zwischen Lernenden) entstehen.
Aufgaben, Übergänge, Anleitungen, Erklärungen, Feedback, Anmoderationen u. a. werden zumeist sprachlich gefasst. Sie sollten gut durchdacht und in der Planung ausformuliert werden.

Geste

Über die Sprache transportiert sich nur ein Teil der zwischenmenschlichen Interaktionen. Gesten als körperliche Artikulationen führen zu Interaktionen zwischen Menschen auf einer anderen Ebene. Lehrende lernen, ihre Gestik (Körpersprache) zu beobachten, zu reflektieren und bewusst einzusetzen. Gesten (auf jemanden zeigen, sich jemandem zuwenden, sich auf Zehenspitzen stellen, nicken) sind besonders starke Signale, die meist ohne Sprache auskommen (nonverbal) und intuitiv verstanden werden. Auch hier gibt es den relationalen Bezug: Gesten einsetzen erfordert gleichermaßen das sensible Wahrnehmen, Beobachten und Verstehen der Körpersprache von Schüler_innen. Für die Planung ist zu überlegen, an welchen Stellen im Unterricht eine nonverbal-gestische Kommunikation passend ist.

Bild

Dem Zeigen (von Bildern) kommt in Unterrichtsprozessen eine elementare Bedeutung zu. Zeigen ist eine Art der visuellen Kommunikation; gemeinsam richten Lehrende und Lernende ihre Aufmerksamkeit auf ein Bild bzw. etwas Visuelles. Etwas soll gesehen werden und wird als Bild sichtbar: als Blickfeld (Blick aus dem Fenster), als materielles Bild, als mediales Bild etc. Gerade im Kunstunterricht ist der Umgang mit Bildern unverzichtbar, deshalb sollten sie in der Kommunikation eine prominente Rolle einnehmen. An einem Bild kann etwas veranschaulicht werden, das sich so durch Worte nicht erklären lässt. Auch in diesem Modus der Unterrichtskommunikation ist die Wechselseitigkeit zu berücksichtigen: Lernende zeigen ebenso Bilder bzw. zeigen sich in Bildern.

Literatur

Duncker, Ludwig (2012): Die Kunst der Gesprächsführung. Zum Theorie-Praxis-Verhältnis didaktischen Handelns. In: Duncker, Ludwig/Müller, Hans-Joachim/Uhlig, Bettina (Hg): Betrachten – Staunen – Denken. Philosophieren mit Kindern zwischen Kunst und Sprache. München, S. 137–158.

Hattie, John (2013): Lernen sichtbar machen (engl.: Visible Learning). Hohengehren, S. 142–143.

Klassische Diversitäts-Dimensionen	Fachliche Besonderheiten	Weitere Besonderheiten
ethnische Zugehörigkeit	Farbdominanz	großer Bruder sein
Geschlecht	Formdominanz	Erfahrungen mit dem Tod haben
Alter	besonders narrative Imagination	Größe der Ohren
sexuelle Orientierung	besonders sachbezogene Imagination	ein Haustier haben
Behinderung	besonders formbezogene Imagination	das Kinderbuch „Die Wölfe" in den Wänden" kennen
Religion und Weltanschauung	Fähigkeit zu ‚mental rotation'	gern Spaghetti essen
Herkunft	hohe Flexibilität im Modifizieren von Darstellungsformeln	schwimmen können
	besondere Aufmerksamkeit für Oberflächen	schon mal in einem Zelt übernachtet haben
	Interesse an Binnendifferenzierung	(noch nie) ein Kunstmuseum besucht haben
	sich große Formate zutrauen	Brillenträger_in sein
	kleine Formate bevorzugen	…
	Fähigkeit im Bildsehen statt Motivsehen	
	Fähigkeit im Erfassen von Bildzusammenhänge	
	…	

2.10 Inklusionssensibler Kunstunterricht

Zum gegenwärtigen Zeitpunkt ist festzustellen, dass sich die Kunstpädagogik und -didaktik bislang kaum fundiert mit Inklusion befasst hat. Wie in anderen Fachdidaktiken auch wird der Begriff ‚Integration' in der Kunstpädagogik und -didaktik zumeist fälschlicherweise mit dem Begriff der ‚Inklusion' gleichgesetzt und der Fokus ausschließlich auf **klassische Diversitäts-Dimensionen** gerichtet. Klassische Diversitäts-Dimensionen sind beispielsweise Alter, Geschlecht, sexuelle Orientierung, Behinderung, ethnische Herkunft und Nationalität, Religion und Weltanschauung. Wird Inklusion als gesellschaftliche Vision verstanden, zeigt sich, dass die ausschließliche Fokussierung auf klassische Diversitäts-Dimensionen einem integrativen und nicht einem inklusiven Gesellschaftsmodell entspricht.

Der Weg zu einem inklusiven Kunstunterricht ist zweifelsohne weit. Ein erster Schritt, der durchaus konkret ins Auge gefasst werden muss und sich auch in der Planung von Unterricht niederschlagen soll, ist der Status eines inklusionssensiblen Kunstunterrichts. Um eine inklusionssensible Perspektive einnehmen zu können, bedarf es insbesondere der Auseinandersetzung mit Diversität aus Sicht der historischen Anthropologie (Wulf 2007), der Diversity Education bzw. der Pädagogik der Vielfalt (v. a. Prengel 2007) sowie der relationalen Kunstpädagogik (Glas/Heinen/Krautz/Miller/Sowa/Uhlig 2015). Inklusionssensibler Kunstunterricht entwickelt sowohl auf Seite der Lehrpersonen als auch auf Seite der Schüler_innen ein Verständnis von Diversität, in welchem die klassischen Diversitäts-Dimensionen gleichberechtigt neben **fachlichen Besonderheiten** sowie **anderen Besonderheiten** stehen, sich überlagern und sich ineinander abbilden.

Um (Kunst-)Unterricht inklusionssensibel konzipieren zu können, bedarf es somit zunächst einer bewussten und kritischen Haltung im Hinblick auf die Erzeugung und Komplexität von Diversität.

Bei der Suche nach und dem Fokussieren auf Besonderheiten und Gemeinsamkeiten stehen stets die relationalen Bezüge des Mensch-Seins im Fokus. Differenzierung stellt ein grundlegendes didaktisches Prinzip dar, das sich im methodischen Handeln abbildet. Hierzu sind für alle Schüler_innen Diversitätsprofile zu erstellen. In diesen werden ausgehend von der Hauptaufgabe einer Stunde oder Unterrichtseinheit fachliche und andere Besonderheiten sowie klassische Diversitätsdimensionen aufgeführt, die bei der Bewältigung der gestellten Aufgabe zum Tragen kommen. Auf diesem Wege werden sowohl Diversitäten als auch Gemeinsamkeiten zwischen den Schüler_innen identifiziert und veranschaulicht, sodass sich geeignete Formen innerer Differenzierung ableiten bzw. interprofessionell entwickeln lassen.

Literatur

Fortuna, Florentine/Uhlig, Bettina (2017): Was wäre, wenn: inklusiver Kunstunterricht. In: Krautz, Jochen (Hg.): Beziehungsweisen und Bezogenheiten. Relationalität in Pädagogik, Kunst und Kunstpädagogik. München.

Glas, Alexander/Heinen, Ulrich/Krautz, Jochen/Miller, Monika/Sowa, Hubert/Uhlig, Bettina (2015): Kunstunterricht verstehen. Schritte zu einer systematischen Theorie und Didaktik der Kunstpädagogik. München.

Prengel, Annedore (2007): Diversity Education – Grundlagen und Probleme. In: Krell, Gertraude/Riedmüller, Barbara/Sieben, Barbara/Vinz, Dagmar (Hg.): Diversity Studies: Grundlagen und disziplinäre Ansätze. Frankfurt a. M., S. 49–68.

Wulf, Christoph (2007): Kulturelle Diversität aus der Sicht historischer Anthropologie. In: Krell, Gertraude/Riedmüller, Barbara/Sieben, Barbara/Vinz, Dagmar (Hg.): Diversity Studies: Grundlagen und disziplinäre Ansätze. Frankfurt a. M., S. 69–88.

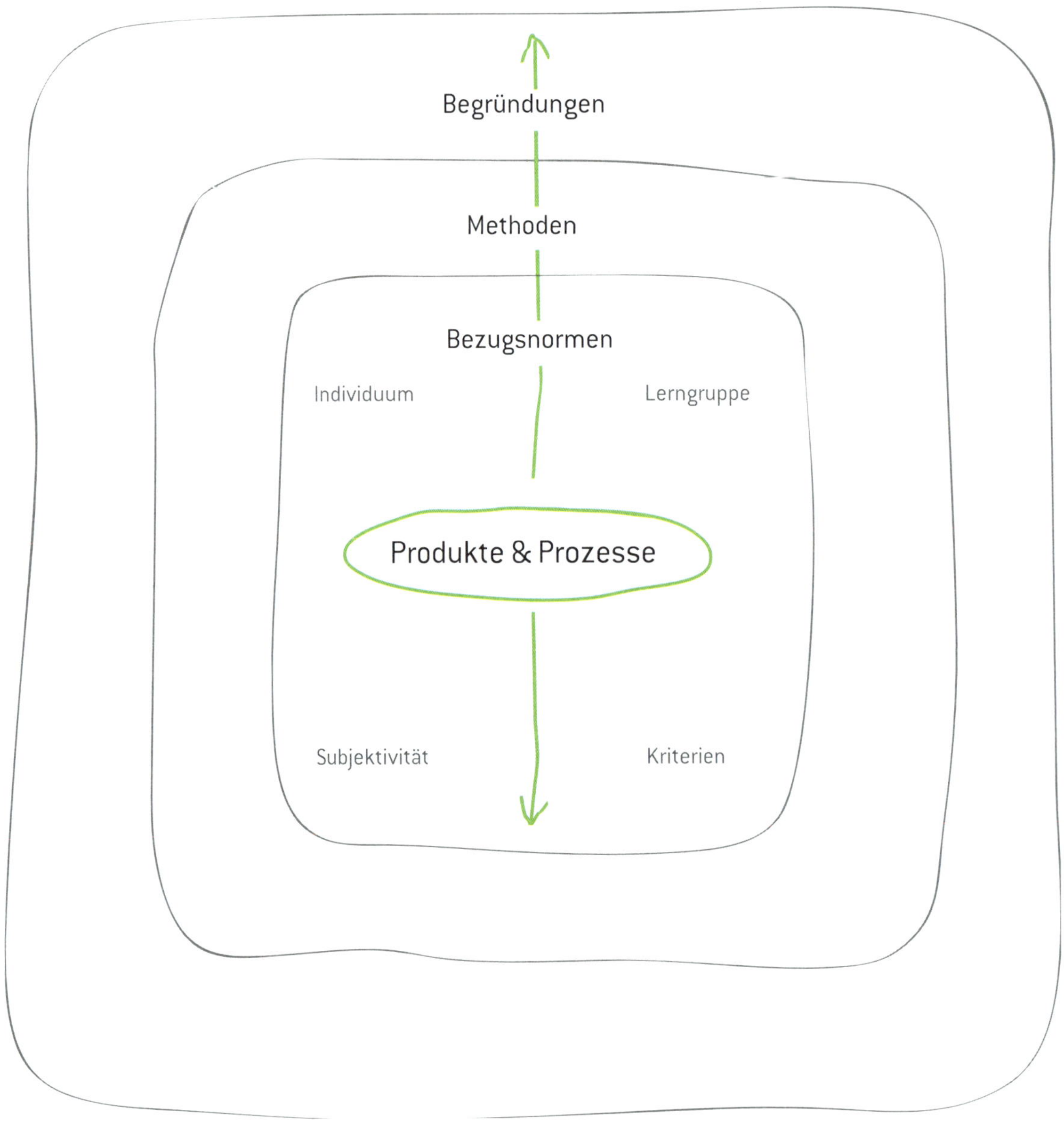
Begründungen
Methoden
Bezugsnormen
Individuum
Lerngruppe
Produkte & Prozesse
Subjektivität
Kriterien

2.11 Reflektieren, Beurteilen, Bewerten

Die Fähigkeiten des Reflektierens, Beurteilens und Bewertens sind einerseits für Schüler_innen grundlegende, wiederkehrende, häufig implizite Lerninhalte, die es im Kunstunterricht zu fördern gilt. Andererseits ist es eine institutionell gebundene Aufgabe der Lehrperson, **Prozesse** und **Produkte** zu reflektieren, zu beurteilen und schließlich zu bewerten – in der Regel als Zensur. Unter Beurteilen wird der Prozess der Urteilsbildung verstanden, dem als Ergebnis das Bewerten folgt. Das Reflektieren liegt beiden zugrunde.

Explizite und implizite Reflexionsphasen können je nach Unterrichtskontext methodisch begründet zu jedem Zeitpunkt positioniert werden (Zwischen-/Abschlussreflexion etc.). Durch gezielte Unterrichtsmethoden wie z. B. Museumsgang, Bildgespräch, Portfolioarbeit u. a. können Arbeitsprozesse und Arbeitsergebnisse veranschaulicht sowie zugrunde gelegte Kriterien dialogisch reflektiert, beurteilt und schließlich bewertet werden. Der Nachvollzug und die Transparenz der herangezogenen Kriterien sind besonders bedeutsam und liegen in der Verantwortung der Lehrperson.

Klarheit und Bewusstheit der Lehrperson bezüglich der zur Anwendung kommenden Beurteilungs- und Bewertungsmaßstäbe ist Voraussetzung und Grundlage für motivierende und konstruktive Rückmeldungen an die Schüler_innen. Sowohl der Prozess (Arbeitsweise) als auch das Produkt (Arbeitsergebnis) sind im Kunstunterricht Gegenstand der Beurteilung und Bewertung. Darüber hinaus gelten folgende Prinzipien:

- Es wird der Lernfortschritt eines Einzelnen und/oder der Lernfortschritt der gesamten Lerngruppe berücksichtigt und als Bezugsnorm definiert (individuelle bzw. soziale Bezugsnorm).
- Die Beurteilung und Bewertung erfolgt auf der Grundlage transparenter Kriterien, die bestenfalls mit den Schüler_innen gemeinsam erarbeitet werden. Es ist zwischen harten und weichen Kriterien zu unterscheiden. Harte Kriterien sind hauptaufgabenbezogen: formal-gestalterisch und inhaltlich. Weiche Kriterien beziehen sich auf Originalität, Achtsamkeit, Sauberkeit u. a.
- Subjektivität: Das Einfließen subjektiver Einschätzungen kann den weichen Kriterien zugeordnet werden und verlangt einen hohen Grad an Reflexivität, um spontane Evidenzurteile zu erkennen und zu vermeiden.

Alle Bezugsnormen müssen sich didaktisch sowie pädagogisch begründen lassen und sich an einer ermutigenden Stärke- und Ressourcenorientierung ausrichten. Es ist das Ziel, negative Etikettierungsprozesse zu vermeiden und positive Selbstkonzepte zu stärken. Reflektieren, Bewerten und Beurteilen sind mit Blick auf die Klasse und das Individuum immer kontextgebunden und nie rezepthaft durchzuführen. Genauso wenig sind sie beliebig oder einseitig mit nur einer Bezugsnorm anzuwenden. Beurteilungs- und Bewertungsmaßstäbe müssen gegenüber den Lernenden offengelegt und begründet werden können.

Literatur

Krapp, Andreas/Weidemann, Bernd (Hg.) (2006): Pädagogische Psychologie. Ein Lehrbuch. Weinheim, S. 225 ff.
Peez, Georg (2004): Beurteilen und Bewerten im Kunstunterricht. In: KUNST+UNTERRICHT, 287/2004, S.4–11.

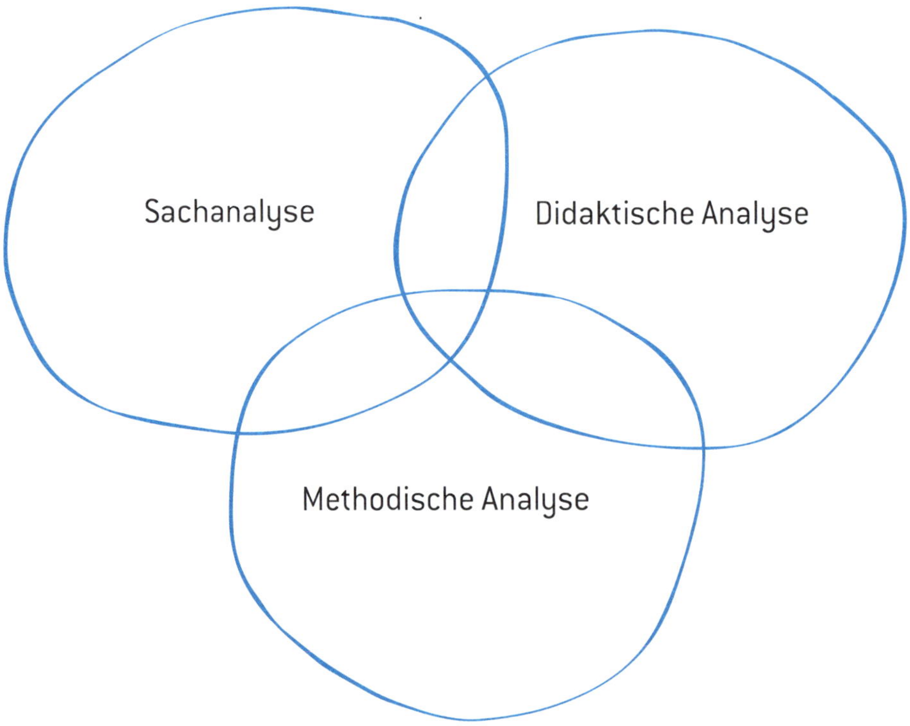
Sachanalyse
Didaktische Analyse
Methodische Analyse

3.1 Analysen

Die Grundlage für jede Unterrichtsstunde und -einheit bilden die Analysen. Dazu gehören die (dreiteilige) Sachanalyse, die didaktische Analyse und die methodische Analyse. Jede dieser Analysen fokussiert einen zentralen Aspekt des Unterrichts: die Sache, die Didaktik und die Methodik. Zwar folgt jede Analyse ihren eigenen Prinzipien und Vorgehensweisen, aber sie alle zielen darauf ab, Bildungspotenziale des Unterrichts zu erkennen und für den Unterricht fruchtbar zu machen. Insofern greifen die Analysen in der Gesamtschau der Planung und Begründung von Unterricht ineinander.

Sachanalyse

Die Sachanalyse dient der sachbezogenen, fachlich fundierten Klärung des Unterrichtsgegenstandes. Leitende Fragestellung ist, was die in der Hauptaufgabe implizierten Inhalte, Materialien und Verfahren charakterisiert. Um diese Frage zu durchdringen, sind Bezüge zu eigenen praktischen Erprobungen und theoretischen Quellen notwendig. Die Sachanalyse steht am Anfang – erst wenn der Sachbezug geklärt und durchdrungen ist, werden auf dieser Basis didaktische bzw. methodische Überlegungen getroffen.

Für Umfang und ‚Tiefe' der Sachanalyse gilt: so umfassend wie nötig und so gut durch Quellen belegt wie möglich. Die Sachanalyse dient dem Erkenntnisgewinn und nicht einer Aneinanderreihung von Fakten. Sie birgt zwar keine didaktischen Komponenten – die Ausrichtung und das Mitdenken des Adressatenbezugs bleibt jedoch wie im gesamten Entwurf unerlässlich, um später Bezüge herstellen zu können.

Didaktische Analyse

Leitende Frage der didaktischen Analyse ist, warum Schüler_innen das angestrebte Wissen und Handeln aus der Hauptaufgabe erwerben sollen. Die Begründungen werden mittels allgemeinbildender Werte aus diversen Bedeutungsfeldern (Kultur, Kunst, Alltag, Beruf etc.) dargelegt. Es gilt, den geplanten Unterricht dahingehend zu prüfen, inwieweit er ein Anknüpfen an die Bedeutungsfelder ermöglicht.

Methodische Analyse

Die methodische Analyse dient der Reflexion des makro-, meso- und mikromethodischen Handelns.
In der methodischen Analyse geht es um ein begründetes Abwägen aller methodischen Entscheidungen, die aus den gesamten Planungs- und Analysetools resultieren. Sie orientiert sich in chronologischer Abfolge an den Phasen eines Unterrichts und erschließt, ob sich die geplanten methodischen Schritte sinnvoll und begründet auf das Gesamtgefüge des Unterrichts beziehen.

Sachanalyse

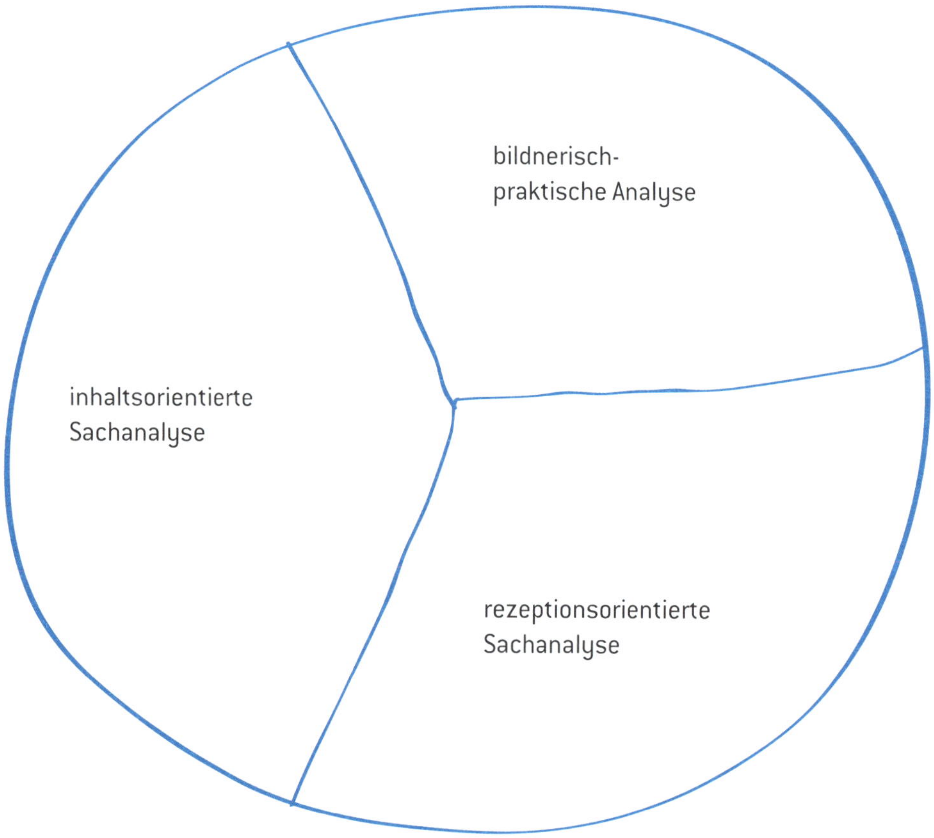

3.2 Sachanalyse

Allgemein können Unterrichtsgegenstände sehr unterschiedlich sein. In den häufigsten Fällen lassen sich aber speziell im Kunstunterricht grob drei Orientierungen unterscheiden. Dafür ist jeweils eine andere Art von Sachanalyse anzufertigen:

- Erstens kann sich der zu planende Unterricht stark auf einen bestimmten Inhalt konzentrieren. Dann ist eine **inhaltsorientierte Sachanalyse** (vgl. 3.3) erforderlich.
- Zweitens kann der Unterricht schwerpunktmäßig auf bildnerische Gestaltungsprozesse abzielen. In diesem Fall ist eine **bildnerisch-praktische Sachanalyse** (vgl. 3.4) anzufertigen.
- Drittens kann das gemeinsame und individuelle Rezipieren eines Werks bzw. Bilds im Mittelpunkt des Unterrichts stehen. Dadurch wird eine Werk- bzw. Bildanalyse in Form einer **rezeptionsorientierten Sachanalyse** (vgl. 3.5) nötig.

Prinzipiell gilt, dass im Kunstunterricht immer rezipiert, gestaltet und inhaltlich gearbeitet wird. Es kommt allerdings auf die jeweilige Gewichtung des Unterrichtsvorhabens an. Liegt der Schwerpunkt einer Unterrichtsstunde zum Beispiel im Bereich der Rezeption eines Kunstwerks, kann und sollte Gestaltung durchaus auch ein Bestandteil dieses Unterrichts sein. Gestaltung wird hier aber untergeordnet eingesetzt, z. B. um durch eigenes Tun den Entstehungsprozess eines Werkes bzw. Bildes besser nachvollziehen zu können. Der Umfang der jeweiligen Sachanalysen orientiert sich an dieser Schwerpunktsetzung.

Die im Folgenden vorgestellte Struktur aller drei Arten der Sachanalyse basiert auf der Grundidee des ‚hermeneutischen Zirkels'. Dem Analysegegenstand werden unterschiedliche Fragen gestellt, die je einen weiteren seiner vielfältigen Aspekte aufdecken. Jede daraus gewonnene Erkenntnis lässt sich auf die vorgängigen beziehen. Im Verlauf wird das Durchdringen eines Sachverhaltes also immer intensiver. So lässt sich eine sinnvolle und vernetzte Struktur erzielen, die für die weitere Unterrichtsplanung verwendet werden kann. Um dies zu veranschaulichen, bietet sich eine kreisförmige Struktur an, mit jeweils verschiedenen Analysebausteinen und dazugehörigen Fragen. Diese Struktur ist nicht abgeschlossen, sondern lässt sich je nach den Anforderungen des Unterrichtsgegenstands auch um weitere Analysebausteine erweitern. Die jeweilige Sachanalyse kann an einer beliebigen Stelle des Kreises ein- und aussteigen. Die Reihenfolge der Analysebausteine ist entsprechend der fokussierten Fragestellung zu wählen. Im Folgenden wird je ein Vorschlag für eine exemplarische Analyseabfolge gemacht. Manchmal macht es auch Sinn, einzelne Bausteine im Analyseverlauf vor dem Hintergrund der inzwischen neu gewonnenen Erkenntnisse zu wiederholen. Es ist abschließend wichtig, an einer passenden Stelle aus der kreisförmigen Analyse auszusteigen, die Sachanalyse also an einem bestimmten Punkt zu beenden und dies auch begründen zu können.
Die Sachanalyse birgt zwar keine didaktischen Komponenten, es werden im Folgenden jedoch weiße Analysebausteine aufgeführt, die auf die Lerngruppe und damit auf spätere didaktische Überlegungen verweisen*. Denn es ist durchaus sinnvoll, bereits hier die späteren Adressaten des Unterrichts im Hinterkopf zu behalten. Schriftlich sollten die weißen Analysebausteine jedoch nicht ausgeführt werden. Sie sind lediglich eine Erinnerungsstütze und geben Hinweise auf Verknüpfungsmöglichkeiten zur didaktischen Analyse und zur methodischen Analyse.

Literatur

Grondin, Jean (1991): Einführung in die philosophische Hermeneutik. Darmstadt.
Janssen, Bernd (1997): Konzepte zur Sachanalyse und Unterrichtsplanung. Schwalbach.
Petersen, Jörg et al. (Hg.) (2010): Einführung in die Schulpädagogik und die Unterrichtsplanung. 7. überarb. und aktual. Aufl. Donauwörth, S.302–304.
Rittelmayer, Christina/Parmentier, Michael (Hg.) (2001): Einführung in die pädagogische Hermeneutik. Darmstadt.

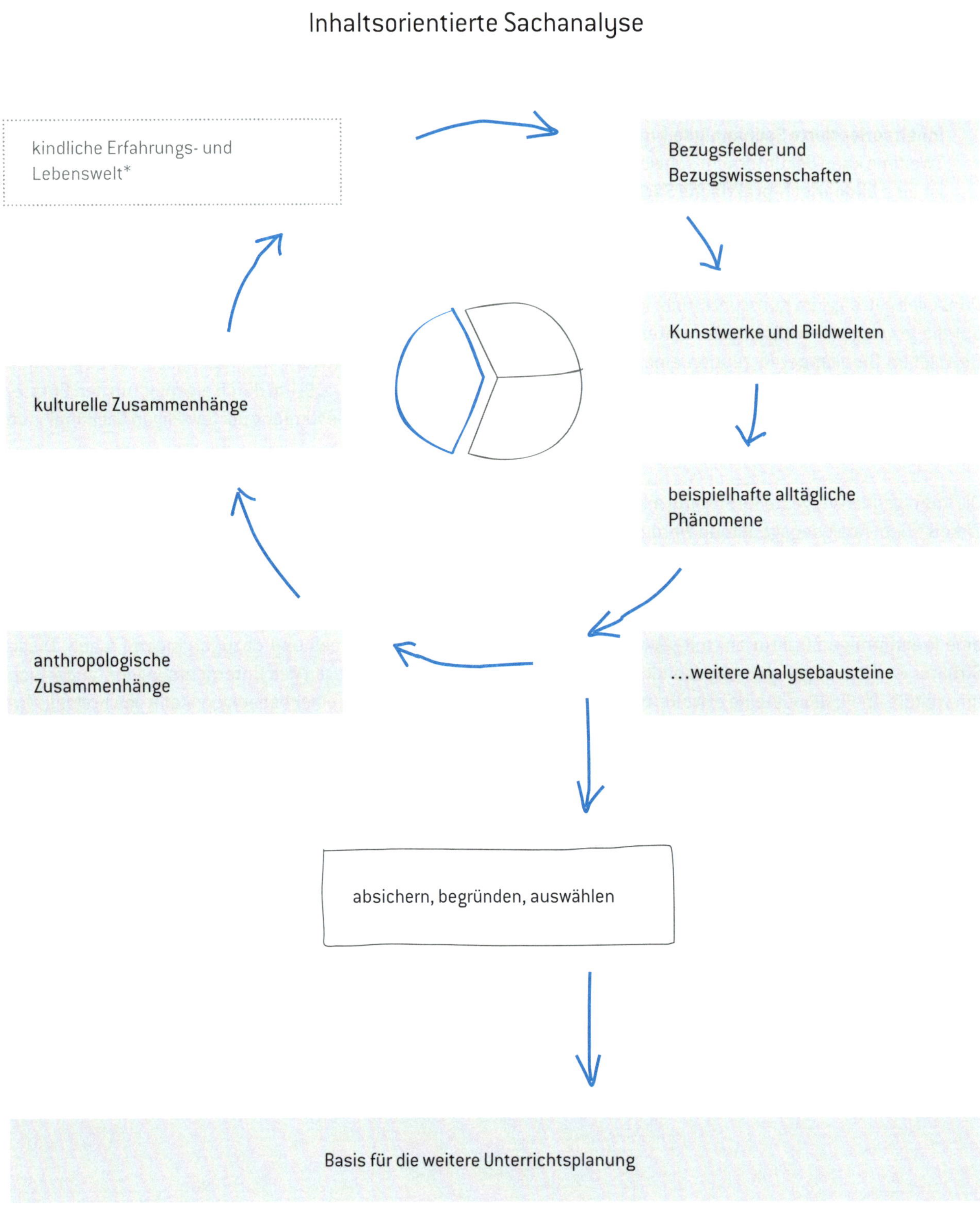
Inhaltsorientierte Sachanalyse
kindliche Erfahrungs- und Lebenswelt*
Bezugsfelder und Bezugswissenschaften
Kunstwerke und Bildwelten
beispielhafte alltägliche Phänomene
...weitere Analysebausteine
anthropologische Zusammenhänge
kulturelle Zusammenhänge
absichern, begründen, auswählen
Basis für die weitere Unterrichtsplanung

3.3 Sachanalyse: inhaltliche Analyse

Bei der inhaltsorientierten Sachanalyse geht es darum, einen bestimmten Inhalt im Vorfeld des Unterrichts ausgiebig von mehreren Seiten zu betrachten, seine Zusammenhänge möglichst umfassend darzustellen und seine Bezüge zu beleuchten.

Die inhaltsorientierte Sachanalyse enthält daher folgende Analysebausteine:

- **Anthropologische Zusammenhänge:** Jeder inhaltliche Unterrichtsgegenstand hat etwas mit uns als Menschen zu tun. Es lassen sich ganz unterschiedliche Aspekte unseres Handelns, unserer Gefühlswelt, unseres Denkens, unserer Bedürfnisse und dergleichen mehr in unterschiedlichsten Inhalten aufspüren. Hier ist also die Frage: Wo liegt die Verbindung vom Unterrichtsgegenstand zu uns als Menschen?

- **Kulturelle Zusammenhänge:** Da der inhaltliche Gegenstand immer ein Teil unserer Welt ist, ist er in der Regel in unterschiedlichen Ausprägungen Teil unserer gemeinsamen Kultur. In Form von kulturellen Praktiken gehen wir mit unterschiedlichsten Inhalten um, setzen uns mit ihnen auseinander und teilen sie mit anderen. Andere Kulturen können wiederum mit dem Gegenstand anders umgehen, oft lässt sich aus dieser Unterscheidung auch etwas über die eigene Kultur erfahren. Hier ist also die Frage: In welchen Teilen unserer Kultur (und anderer Kulturen) lassen sich Bezüge zum Unterrichtsgegenstand aufspüren?

- **Bezugsfelder und Bezugswissenschaften:** Der Blick in andere Wissenschaften und Bezugsfelder im Allgemeinen eröffnet weitere Horizonte (vgl. 1.5). Denn von dort aus lässt sich eine Brücke zu unterschiedlichen Wissenschaften schlagen, die jeweils unterschiedliche Perspektiven auf den Inhalt des Unterrichts eröffnen. Gleichzeitig lassen sich auch vielfältige und persönliche Auseinandersetzungen beispielsweise im Bereich der Literatur aufspüren. Hier ist also die Frage: Welche Perspektiven haben Bezugsfelder und Bezugswissenschaften auf den Unterrichtsgegenstand und wie können sie dazu beitragen, ihn besser zu verstehen?

- **Kunstwerke und Bildwelten:** Im Bereich der Bildenden Kunst setzt sich der Mensch besonders intensiv und dicht in Beziehung zur Welt. In der Regel lassen sich daher Kunstwerke auswählen, die sich in unterschiedlichsten Fassetten mit dem Unterrichtsgegenstand befassen. Auch außerhalb der Kunstwelt finden sich solche Angebote. Beispielsweise stellen uns Bilderbücher, Filme oder Designobjekte spezifische Formen der Auseinandersetzung vor. Hier ist also die Frage: Wo findet sich der Unterrichtsgegenstand in künstlerischen sowie anderen bildhaften Auseinandersetzungen wieder und wie wird er hier bearbeitet?

- **Beispielhafte alltägliche Phänomene:** Wenn nun der Unterrichtsgegenstand etwas mit uns als Menschen zu tun hat und er ein Teil unserer Kultur ist, so lässt er sich ebenfalls in unserem alltäglichen Leben aufspüren. Das heißt: Auch außerhalb einer wissenschaftlichen oder künstlerischen Auseinandersetzung ist er für uns wahrnehmbar und erfahrbar. Hier ist also die Frage: Wo und in welcher Form begegnet uns der Unterrichtsgegenstand in alltäglichen Zusammenhängen?

Bildnerisch-praktische Sachanalyse

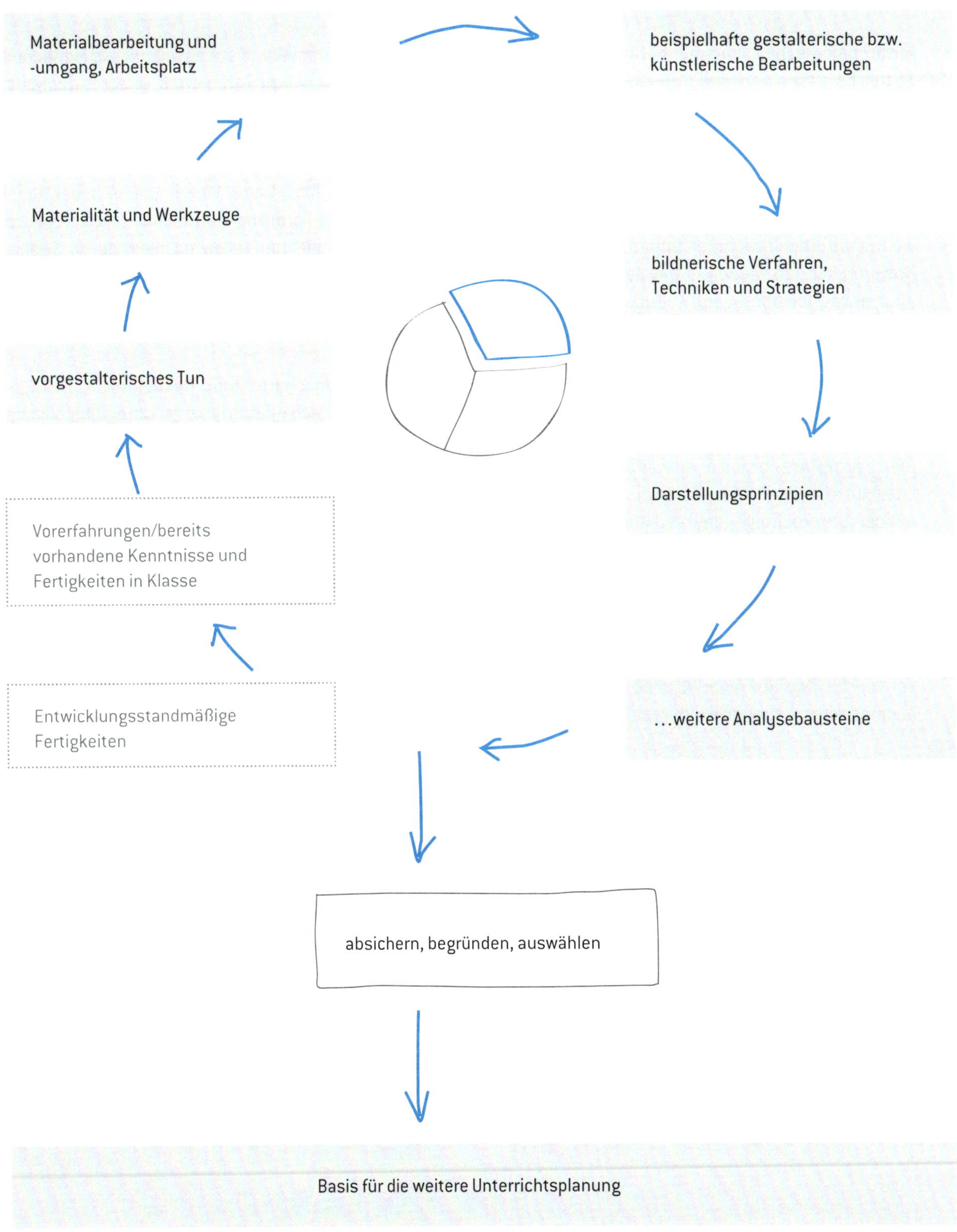

3.4 Sachanalyse: bildnerisch-praktische Analyse

Durch die bildnerisch-praktische Sachanalyse wird im Vorfeld alles geklärt, was direkt mit der bildnerischen Gestaltungspraxis (vgl. 1.3) im Unterricht zu tun hat. Alle Darstellungsprinzipien, Techniken, Materialien etc., die im Unterricht zum Einsatz kommen sollen, werden ausgewählt, gedanklich abgewogen und praktisch erprobt. Durch das eigene Tun lassen sich neue Perspektiven gewinnen, wichtige Erfahrungen machen und ggf. auch mögliche Schwierigkeiten im Gestaltungsprozess aufdecken. Hier kommt also Fachwissen ebenso wie eigenes praktisches Können zum Einsatz. Die bildnerisch-praktische Sachanalyse hat daher folgende Analysebausteine:

Vorgestalterisches Tun: Dem Gestaltungsprozess gehen in der Regel Entwurfsprozesse und Probephasen voran. Skizzen, Studien und Pläne gehören ebenso zum vorgestalterischen Tun wie das Sammeln von Material. Hier ist also die Frage: Welche Möglichkeiten zur angemessenen bildnerisch-praktischen Vorarbeit gibt es?

Materialität und Werkzeuge: Bildnerisch-praktische Prozesse beinhalten in der Regel die Bearbeitung von Materialien bzw. den praktischen Umgang mit ihnen. Dafür wird aus einem umfangreichen Instrumentarium an Werkzeugen ausgewählt. Das gilt ebenso für digitalbasierte Gestaltungsprozesse, auch wenn dabei Materialität eine geringe oder keine Rolle spielt. Hier ist also die Frage: Welche Materialien werden benötigt und mit welchen Werkzeugen sowie Hilfsmitteln wird gearbeitet?

Materialbearbeitung und -umgang, Arbeitsplatz: Jede Materialentscheidung und jede Werkzeugauswahl hat Auswirkungen auf den Gestaltungsprozess – es gibt immer Möglichkeiten und Begrenzungen. Materialien und Werkzeug müssen im Hinblick auf Materialeigenschaften, Kraftaufwand, zeitliche Nutzung (Trocknen, Reißen) uvm. erprobt werden. Je nach bildnerischer Gestaltungspraxis wird ein eingerichteter Arbeitsplatz benötigt, der unterstützend wirkt, aber erst organisiert werden muss. Hier ist also die Frage: Welche Eigenschaften haben die Materialien, wie verhalten sie sich wenn sie bearbeitet werden und wie muss ein materialgerechter Arbeitsplatz eingerichtet sein?

Beispielhafte gestalterische bzw. künstlerische Bearbeitungen: Die Bereiche der freien wie der angewandten Bildenden Kunst (Malerei, Design, Architektur, Film u.a.) offerieren eine Fülle an gestalterischen Beispielen, aus denen sich viel für das eigene Tun gewinnen lässt. Hier ist also die Frage: Wie wurde in der Bildenden Kunst mit derselben oder einer ähnlichen gestalterischen Herausforderung umgegangen?

Bildnerische Verfahren, Techniken und Strategien: Jede Gestaltungspraxis ist durch spezifische Abläufe und Prozesse gekennzeichnet, die erlernt und geübt werden können. Verfahren sind z.B. Drucken, Brennen, Glasieren. Unter Techniken werden tradierte künstlerische Praktiken verstanden: Siebdruck, Radierung, Wulsttechnik (Keramik), Lochkamera-Fotografie u.a. Strategien sind zumeist aus der Gegenwartskunst entlehnte Vorgehensweisen wie Mapping, Dekonstruieren, Verfremden u.a. Bildnerische Verfahren, Techniken und Strategien eröffnen vielfältige Gestaltungsmöglichkeiten in unterschiedlichen Gestaltungsbereichen. Hier ist also die Frage: Wie können Verfahren, Techniken und Strategien sinnvoll zum Einsatz kommen und wie sind diese zu erarbeiten?

Darstellungsprinzipien: Die bildnerische Gestaltungspraxis fußt auf einer Grundhaltung zur Welt und den daraus resultierenden Denkweisen. Davon ausgehend lassen sich vielfältige Entscheidungen im Bereich der formalen bildnerischen Mittel, der Formprinzipien und der bildnerischen Werkstufen treffen. Hier ist also die Frage: Welche Prinzipien werden für die Gestaltung angelegt und welche gestalterischen Entscheidungen werden auf dieser Basis getroffen?

Literatur

Orientierungswissen Form und Gestalt. In: KUNST Arbeitsbuch 3 (2009) (hg. Sowa, Hubert/Glas, Alexander/Seydel, Fritz). Stuttgart, S. 82–105.

Orientierungswissen künstlerische Verfahren. In: KUNST Arbeitsbuch 3 (2009) (hg. Sowa, Hubert/Glas, Alexander/Seydel, Fritz). Stuttgart, S. 58–81.

Regel, Günther (1986): Phasen und Komponenten des einheitlichen bildnerischen Schaffensprozesses. In: Regel, Günther: Medium bildende Kunst. Bildnerischer Prozess und Sprache der Formen und Farben. Berlin, S. 172–221.

Rezeptionsorientierte Sachanalyse

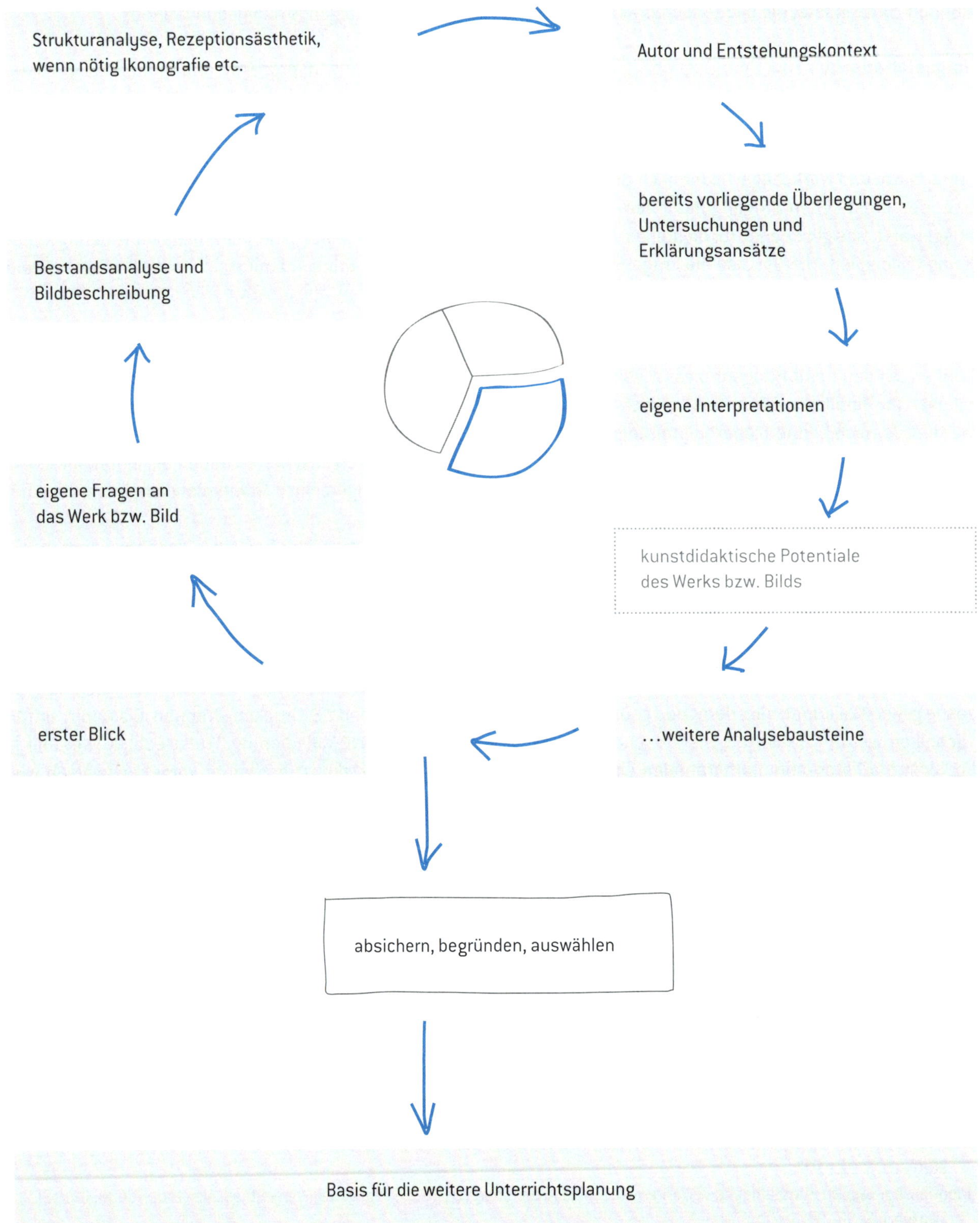

3.5 Sachanalyse: rezeptionsorientierte Analyse

Die rezeptionsorientierte Sachanalyse untersucht die Form, die Inhaltsschichten und die Kontexte des im Unterricht zu rezipierenden Werkes bzw. Bildes (vgl. 1.4). Sie hat daher folgende Analysebausteine:

- **Erster Blick:** Ein Kunstwerk bzw. Bild ist gleichsam ein Gegenüber, auf das wir uns einlassen können. In der ersten Begegnung verknüpfen wir zunächst das, was wir im Kunstwerk wahrnehmen, mit unseren Erinnerungen, Erfahrungen, Wissensbeständen. Es entsteht ein erster Eindruck, der Resonanzen erzeugt. Dies wird als „erster Blick" bezeichnet. Hier ist also die Frage: Wie wirkt das Werk bzw. Bild auf mich beim ersten Wahrnehmen und welche Assoziationen stellen sich ein?

- **Eigene Fragen an das Werk bzw. Bild:** Um eine Richtung für das eigene Tun zu finden und der Analyse einen Schwerpunkt zu geben, ist es wichtig, sich im Vorfeld selbst Fragen zu stellen. Auf der Grundlage dieser Fragestellungen lässt sich die weitere Analyse logisch aufbauen und eingrenzen. Hier ist also die Frage: Was will ich selbst über das Werk bzw. Bild wissen?

- **Bestandsanalyse und Bildbeschreibung:** Durch eine sprachliche, möglichst genaue Beschreibung des Kunstwerkes bzw. Bildes lässt sich seine Form besonders gut erfassen. Hierzu gehören u. a. das Motiv, alles Abgebildete, die Darstellungsweise, das Material, die Größe und dergleichen mehr. Hier ist also die Frage: Was genau habe ich hier vor mir?

- **Kunstwissenschaftliche Analysen:** Kunstwissenschaftliche Methoden helfen uns dabei, ein Kunstwerk gezielt und substanziell zu analysieren. Jede Methode verfolgt einen eigenen Schwerpunkt (Form und Bildsprache, Inhalt, Kontext, Betrachterperspektive u. a.). Es kommen nie alle Methoden zum Einsatz, vielmehr werden Methoden bzw. bestimmte methodische Aspekte ausgewählt. Die Auswahl der adäquaten Methode muss begründet vorgenommen werden. Hier ist also die Frage: Was lässt sich durch kunstwissenschaftliche Methoden über das Bild bzw. Werk an Erkenntnissen über das Bild gewinnen?

- **Autor und Entstehungskontext:** Werke bzw. Bilder entstehen nie im ‚luftleeren Raum', sondern sind stets eingebettet in zeitgeschichtliche, gesellschaftliche, politische, biografische u. a. Kontexte. So verweisen sie u. a. auf vergangene bzw. zeitgenössische Problemstellungen oder eröffnen durch biografische Aspekte Einsichten in Entscheidungsprozesse eines Künstlers. Hier ist also die Frage: Welche Kontexte sind für das Verstehen des Werkes bzw. Bildes relevant?

- **Bereits vorliegende Überlegungen, Untersuchungen und Erklärungsansätze:** Handelt es sich um Werke der historischen Kunst, so finden sich in der Regel fundierte kunstwissenschaftliche Analysen und Interpretationen zum Werk bzw. Bild. In Bezug auf Gegenwartskunst lassen sich oft Statements vom Autor selbst recherchieren. Auf vorhandene Informationen sollte zurückgegriffen werden, denn sie erweitern die eigene Perspektive und erhellen den Hintergrund eines Werkes bzw. Bildes. Hier ist also die Frage: Was sagen Expert_innen oder Künstler_innen über das eigene oder ein anderes Werk bzw. Bild?

- **Interpretationen:** Die Sachanalyse sollte zu einer begründeten Auslegung und Interpretation des Werkes bzw. Bildes kommen. Das heißt nicht, dass die Interpretation abgeschlossen ist, im Gegenteil: sie bleibt – im hermeneutischen Sinn – offen für andere Perspektiven und Erkenntnisse. Hier ist deshalb die Frage: Wie interpretiere ich das Werk bzw. Bild auf der Grundlage aller gründlich erarbeiteten Analyseelemente?

Literatur

Bätschmann, Oskar ([7]2008): Anleitung zur Interpretation: Kunstgeschichtliche Hermeneutik. In: Belting, Hans et al. (Hg.): Kunstgeschichte. Eine Einführung. Berlin, S. 198–228.

Kemp, Wolfgang (1992): Der Betrachter im Bild. Erw. Neuausgabe. Berlin.

Schmidt-Maiwald, Christiane (2010-2011): Analysemethoden. In: KUNST+UNTERRICHT Hefte 334/335-349/35.

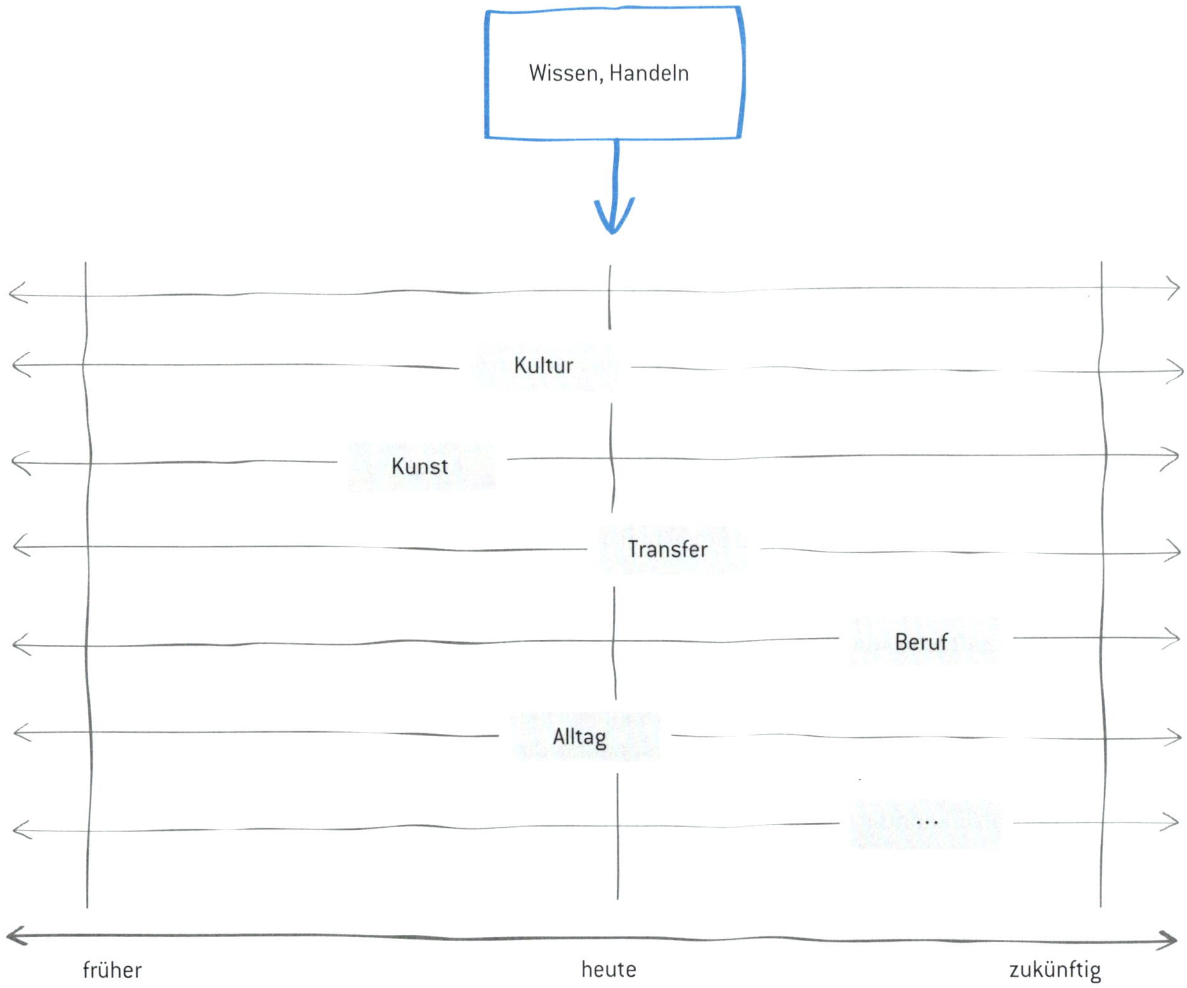
Wissen, Handeln
Kultur
Kunst
Transfer
Beruf
Alltag
...
früher
heute
zukünftig

3.6 Didaktische Analyse

Durch die didaktische Analyse wird die allgemeine Bildungsrelevanz des in der Hauptaufgabe angestrebten bzw. zu erwerbenden Wissens und Handelns dargelegt. Bildungswerte wie Selbst- und Mitbestimmung in Freiheit, Urteilsfähigkeit, Gemeinschaftlichkeit und Verantwortung innerhalb einer demokratischen Gesellschaft sind besonders bedeutsam (vgl. Kap. 1.1). Sie lassen sich anhand von Bedeutungsfeldern konkretisieren.

Bedeutungsfelder:

- **Kulturelle Bezüge** (Historie, Tradition, Lebensweisen, Religion etc.);
- **Kunstbezüge** (Kunstgeschichte, Gegenwartskunst, Kunstzitate, Museumsbesuche etc.);
- **Transferbezüge** (andere Schulfächer oder Wissenschaftsdisziplinen);
- **Berufliche Bezüge** (handwerklich, technisch, sozial etc.);
- **Alltagsbezüge** (Alltagswahrnehmung, Lebensbereiche, Freizeit, Wünsche etc.);
- ...

Die Bedeutungsfelder lassen sich auf einer Zeitachse (des Bildungsverlaufes) flexibel und dehnbar positionieren. In der Vergangenheit verortete Bedeutungsfelder entfalten ihre Wirkung bis ins Jetzt; heutige Bedeutungsfelder bis in die Zukunft etc. Dieses Weitergeben und Weiterwirken ist ein Grundzug menschlicher Kulturen und Bildung.

Die Bedeutungsfelder haben in sich keine hierarchische Ordnung. Jede Hauptaufgabe setzt ihre Schwerpunkte hinsichtlich der Bedeutungsfelder anders. In einer Unterrichtsstunde können nie alle Bedeutungsfelder in gleichem Maße einbezogen werden und dennoch dürfen sie nie einseitig genutzt werden (z. B. nur Kunstbezug).
Jede didaktische Analyse stellt zwar typische Bedeutungsfelder für alle Schüler_innen heraus, bleibt gleichzeitig aber auch in gewisser Hinsicht exemplarisch.
Für jedes Individuum könnte eine weitere Bedeutungsanalyse hinsichtlich spezifischer Interessen und Fähigkeiten durchgeführt werden.

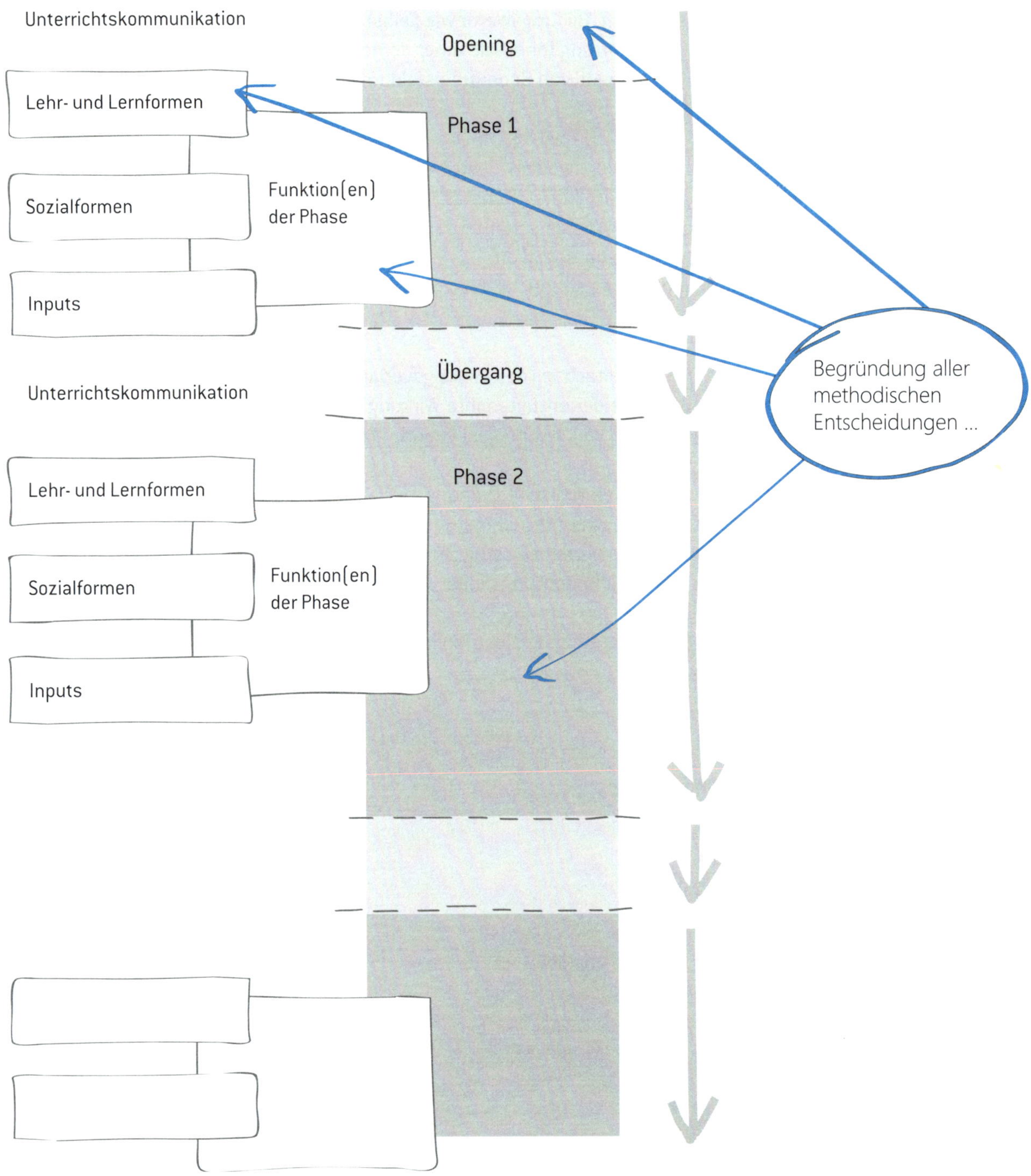
Unterrichtskommunikation
Opening
Lehr- und Lernformen
Phase 1
Sozialformen
Funktion(en) der Phase
Inputs
Übergang
Unterrichtskommunikation
Begründung aller methodischen Entscheidungen ...
Phase 2
Lehr- und Lernformen
Sozialformen
Funktion(en) der Phase
Inputs

3.7 Methodische Analyse

Der Begriff Methode setzt sich zusammen aus «hodós» (der Weg) und «metá…» (hinterher) und lässt sich in etwa so übersetzen: sich auf den Weg hinter etwas her machen, etwas verfolgen.
Methoden sind Inszenierungsformen von Unterricht, die sich erst im gemeinsamen Handeln von Lehrpersonen und Schüler_innen realisieren. Es ist demnach präziser, von methodischem Handeln anstatt von Methoden zu sprechen. Methodisches Handeln ist stets situationsgebunden und kontextabhängig. Dies hat auch zur Konsequenz, dass es nicht die ‚bewährte Methode' gibt, die sich Eins zu Eins auf die nächste Unterrichtssituation übertragen lässt (Seydel 2009).

Sowohl bei der Planung als auch bei der Analyse von Unterricht ist zwischen der Makro-, Meso- und Mikroebene des methodischen Handelns zu differenzieren. Auf der Makroebene befinden sich die Unterrichtsphasen. Auf der Mesoebene befinden sich die Unterrichtselemente, Lehr- und Lernformen, Sozialformen sowie Ausführungen zu räumlichen und zeitlichen Inszenierungen des Unterrichts. Auf der Mikroebene befinden sich Erläuterungen zu Veranschaulichungen, Unterrichtsmaterial sowie der Unterrichtskommunikation. Makro-, meso- und mikromethodisches Handeln stehen in unmittelbarer Relation und bedingen sich wechselseitig.

Guter Unterricht lebt von einer Vielfalt der Inszenierungstechniken und von einer klaren Strukturierung in den verschiedenen Dimensionen methodischen Handelns (Meyer/Seydel 2009). Des Weiteren liegt dem gesamten methodischen Handeln das Prinzip innerer und äußerer Differenzierung als Merkmal ‚guten Unterrichts' zugrunde.

Die methodische Analyse dient der Reflexion des gesamten makro-, meso- und mikromethodischen Handelns.
In der methodischen Analyse geht es somit nicht nur um eine Erläuterung, sondern vor allem auch um ein begründetes Abwägen aller methodischen Entscheidungen, die aus den gesamten Planungs- und Analysetools resultieren.

Die methodische Analyse orientiert sich in chronologischer Abfolge an den Phasen eines Unterrichts.
Die Frage „Durch welche kontextuellen Voraussetzungen wird das methodische Handeln auf Makro-, Meso- und Mikroebene bestimmt?" ist als Leitfrage zu verstehen. Ihr ist in der gesamten methodischen Analyse nachzugehen.

Literatur

Meyer, Hilbert/ Seydel, Fritz (2009): Methoden Begriff in der Schulpädagogik. In: KUNST+UNTERRICHT/SB 2009, S. 11.
Seydel, Fritz (2009): Es gibt keine guten Methoden. Methodisches Handeln im Kunstunterricht. In: KUNST+UNTERRICHT/SB 2009, S. 7–10; 12–13.